⁕ **Audrey Sebti**
***aka* Oraclinzel Professor** ⁕
Illustrations de Youlie

Tarot
La base !

GUIDE D'INFILTRATION
POUR LES NON-INITIÉS
QUI VEULENT TOUT CAPTER

SOLAR ÉsoPop

Sommaire

Message préventif à propos de l'auteure

Affiliée au courant des *drama queens*. Le fond est toujours basé sur sa vérité, la forme sur une exagération volontaire pour souligner le caractère comique du fond. Le premier degré sera probablement mal à l'aise, mais elle t'invite à y trouver la double lecture que permet le second (degré). Des sous-titres seront parfois disponibles. Sinon, un tuto second degré est proposé p. 73 !

Introduction

✸

On connaît tous quelqu'un qui connaît quelqu'un qui tire les cartes, dans le fin fond de la campagne. Cette personne aurait un don, transmis de génération en génération, et on trouve ça hyper fancy que cet être spécial accepte de nous recevoir en consultation. Donc plus ça semble obscur, moins on comprend, et plus ça a l'air vrai ? On va se parler franchement, hein : non. « Avoir un don » n'est pas une obligation pour tirer les cartes – désolée si ton petit cœur mystique vient de se briser…

D'ailleurs, cette croyance tend à disparaître au nom du Savoir avec un grand S. Autrement dit, pour être « autorisé·e » à tirer le tarot, finalement, il faudrait plutôt l'avoir étudié à fond, tout savoir à son susjet. Eh bien, non, encore non – désolée si tes neurones d'intello viennent d'exploser…

Voilà ce qu'on va faire. On va arrêter de culpabiliser de ne pas être Harry Potter, et on va assumer le fait de pratiquer le tarot sans être des puits de science. On va gentiment tolérer tout le monde et cohabiter joyeusement en s'appropriant le bel héritage des cartes : c'est notre patrimoine à nous aussi, on a le droit de le faire vivre, et basta !

Une genèse tarologique
dont Netflix ne voudrait pas

Je vais te mettre à l'aise direct. La première fois que j'ai découvert les cartes, j'étais ado. Comme à peu près tou·te·s les cartomancien·ne·s/tarologues que tu croiseras, cela dit. La plupart du temps, ils·elles ont hérité du vieux jeu de leur tata Jacqueline, médium de mère en fille depuis cinq générations… Ils·elles te diront qu'ils·elles se sont reconnecté·e·s à leur intuition plus tard, l'âge adulte leur conférant une aura d'authenticité et de légitimité pour tirer les cartes. La BA-SE.

Contrairement à mes confrère·sœur·s, quand je m'y suis intéressée, ç'a été sur les conseils de Britney Spears dans *OK Podium !* – un magazine people des années nonante. Eh oui, parce que je n'ai personne dans ma famille qui ait cette appétence, on trouve ses sources d'inspiration où on peut. *Only God can judge me.* BritBrit me parla donc dans son portrait chinois d'un oracle avec des petites fées. On m'a offert ledit oracle et devine quoi ? J'ai abandonné très rapidement. Trop de texte tue le texte.

À l'aube de mes 32 ans, après que j'ai essuyé un certain nombre d'échecs personnels et professionnels, le tarot a fait son apparition dans ma vie avec cette promesse : le tarot psychologique, c'est pour se connaître, se comprendre et prendre ses décisions en conscience et en toute autonomie. Ça fait grave cliché, mais c'est vrai.

Soudain, la boulimie d'informations sur le sujet s'est emparée de moi : j'ai rien compris et je suis tombée dans le piège du « il faut que je connaisse tout, tout, tout ». Parce que, comme je te le disais plus haut, quand on tire le tarot, on a l'impression qu'il faut tout savoir, sans quoi on n'en est pas digne. Alors, certes, quand tu découvres une discipline, c'est important de connaître un peu son passé, ses origines, etc. Pour respecter l'histoire et qu'elle se perpétue.

Ainsi, tu lis des trucs, tu lis, tu lis, tu lis… Et quand tu te confrontes à tes cartes, tu t'aperçois que tu as très vaguement retenu les infos, et que tu n'as pas compris grand-chose, en fait. C'est comme quand tu apprends une langue : tu accumules des mots de vocabulaire, tu explores la grammaire, mais si tu gardes tout ça pour toi, tu ne vas pas aller bien loin. En revanche, si on te colle dans un pays étranger pendant deux semaines avec aucun·e Français·e à l'horizon, paye ton *level up*. Moralité : la pratique a du bon !

Bref, ce livre est là pour que tu n'abandonnes pas.

Comment tirer profit de cette lecture ?

L'intention de ce livre n'est pas de te proposer un énième ouvrage indigeste sur le tarot. Ici, c'est Taroland ! Rien que d'y penser, ça donne envie de s'amuser ! Si la base est commune à toute la discipline, la façon de tirer les cartes et le vocabulaire d'interprétation restent propres à chacun·e. On est tou·te·s différent·e·s, et c'est par notre prisme que notre relation avec le tarot le rend unique. Nous balayerons donc ses grandes lignes constitutives afin d'en comprendre l'essence, le tout teinté de mon approche personnelle du Schmilblick. Ce sera un manifeste pour cultiver son autonomie, son bon sens et son libre arbitre. Progressivement, tu seras propulsé·e de petits jeux à de vrais tirages à réaliser seul·e ou entre ami·e·s. En fin de livre, tu trouveras un starter pack compilant fiches récap et tirages à dégainer dès que tu le souhaites.

Le bouquin a volontairement été monté à l'envers : d'abord, les joies de la pratique dans la vraie vie (avec un petit détour rapide par l'histoire du tarot, on n'y échappe pas), puis la théorie pour aller plus loin, et avoir envie d'aller encore plus loin ! La partie théorique se veut la plus *straight to the point* et fun possible. Les interprétations et exemples seront tantôt réalistes, tantôt tirés par les cheveux dans le but de marquer ton esprit. Ils sont à prendre comme une méthode de réflexion et non comme une vérité absolue. Il ne tient qu'à toi de rendre le tout pertinent en temps voulu. Les formules toutes faites sont aidantes au début, rassurantes par la suite. Toutefois, créer les siennes est probablement l'appropriation de l'outil la plus efficace.

Belle rencontre !

Partie 1

*

LA PRATIQUE

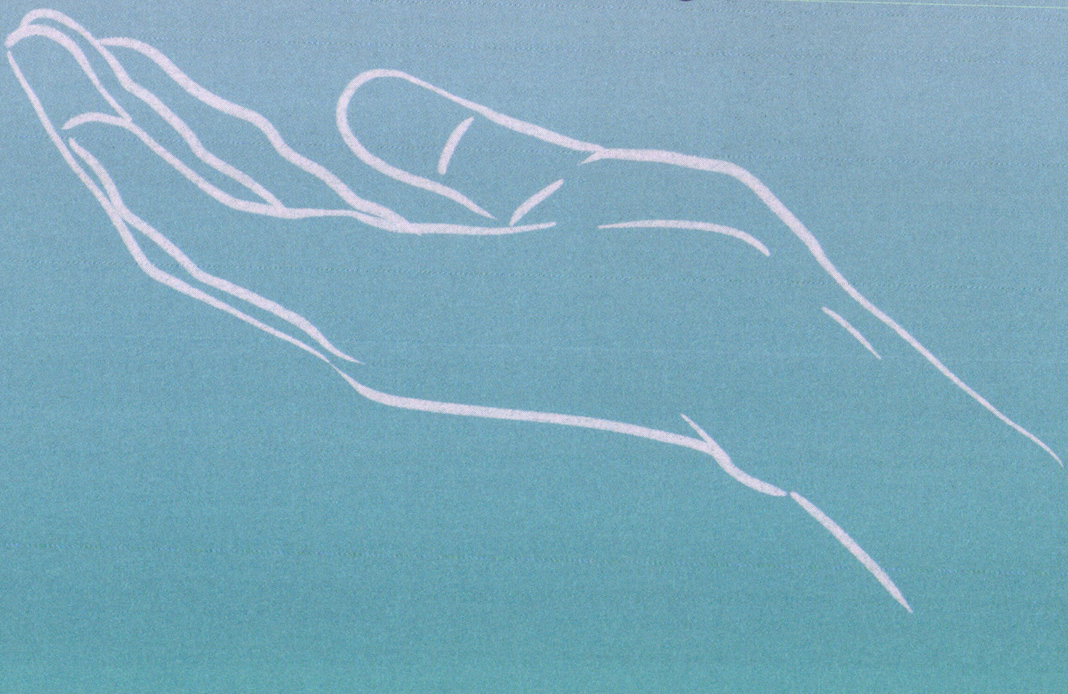

Back to basics

Histoire de te donner une idée globale du tarot, voici un panorama qui répondra à tes questions du style : à quoi ça sert ? D'où ça vient ? C'est quoi, la différence entre le tarot divinatoire et le tarot psychologique ? Il est possible que les réponses te surprennent !

Déjà : c'est quoi le tarot ?

Le tarot, c'est comme une grande partie de Monopoly. Au début, on est plein·e d'ambition mais on a assez peu d'expérience, donc, inévitablement, on fait des erreurs. Au fur et à mesure, on apprend, on gagne en assurance et on s'enrichit tout en s'assurant d'obtenir la rue de la Paix. Car c'est précisément à la paix qu'on aspire.

LA PAIX EN SOI

Et comment réussit-on à atteindre la paix ? En s'engageant sur la voie de la connaissance de soi. OK, premiers termes barbares : ça veut dire quoi, « connaissance de soi » ? Prenons l'exemple de Shrek qui compare les ogres à des oignons. Pour en atteindre le cœur, il faut réussir à retirer toutes ses couches. Le cœur étant « soi », il s'agit de quelque chose de précieux dont l'accès ne pourra se faire que par un effeuillage consenti. Cela implique de s'engager sur un chemin de découverte de chacune de ses couches : impact de l'éducation, schémas de pensée, ambitions, etc. Le strip-tease s'opère progressivement pour révéler notre vraie nature.

Sur cette voie de la connaissance de soi, on passe par tout un tas d'étapes plus ou moins agréables, répertoriées dans notre jeu : le tarot. Des ânes tenteront de te détourner de ta nature pour faire de toi un clafoutis, or, l'oignon n'a pas besoin de finir en tarte pour exister. Sois fier·ière d'être un oignon.

En bref, le tarot nous met à poil, a cette capacité à révéler ce qui pue en nous et nous permet d'en faire quelque chose de bon. Plus sérieusement, **le tarot, c'est un jeu de 78 cartes dont l'approche est basée sur la connaissance de soi.**

Il ambitionne de faire de nous des gens à la fois meilleurs et accomplis. Pour ça, on l'étudiera, mais surtout, on le pratiquera.

LE JARGON

Une carte de tarot peut avoir plusieurs petits noms :

* **Une lame** : il y a fort, fort longtemps, les cartes étaient gravées sur des lames de bois. Celles·ceux qui aiment jouer avec les mots l'associent à « l'âme ». Vu que le but du jeu, c'est de trouver notre âme, ça colle !

* **Un arcane** : du latin *arcanum*, qui veut dire « secret ». Il y a les 22 arcanes majeurs pour les gros dossiers de type existentiels, et 56 arcanes mineurs pour ceux du quotidien.

LE TAROT ET SA DIVERSITÉ

Basé sur le même système quelle que soit sa version (traditionnelle, poney magique ou superhéros), le tarot aura toujours la même structure de 78 cartes (22 arcanes majeurs, 56 arcanes mineurs ; je me répète, mais *communication is repetition*).

Le tarot est intemporel et se décline graphiquement selon les époques. Depuis sa (ré)création, on a vu fleurir tout un tas de nouveaux jeux. Ce sont soit des versions modernes des originaux, souvent considérées comme sans intérêt, soit des réinterprétations WTF, souvent qualifiées d'absurdes. Dans tous les cas, elles n'échappent donc pas à la critique, parce qu'il y aura toujours un monsieur ou une madame Je-sais-tout pour rétablir « la vérité » et vouer une dévotion sans pareil à l'histoire, quitte à figer cet outil dans le temps. Or, souhaitons-nous le même destin que le latin au tarot ? Non. Les visions sont multiples, elles peuvent autant rassembler que diviser. Alors réjouissons-nous d'avoir à boire et à manger, cherchons ce qui nous correspond plutôt que de blâmer le reste.

À quoi ça sert ?

À se poser les bonnes questions

À prendre du recul et à se comprendre

À obtenir des conseils pour agir au mieux

On a tendance à croire que le tarot ne sert qu'à lire l'avenir, entre révélations fracassantes et *breaking news*. C'est cette image qui a été cultivée autour de nous, et notamment à travers le cinéma. On imagine donc que la personne qui l'utilise a des dons. Et quand on voit un tarot de Marseille pour la première fois, clairement, on peut affirmer que les gens ont un don : celui de mémoire pour retenir toutes les significations et symboliques des cartes !

Et puisque, autrefois, on observait le vol des oiseaux et autres entrailles d'animaux pour obtenir une prédiction, on pouvait aussi bien se servir des cartes pour y voir l'avenir ! Finalement, le tarot est un médium comme un autre. On le met au service d'une cause, laquelle a longtemps été celle du futur. Mais il peut donc avoir une autre utilité, que les oracles peuvent compléter. Comparons en bref :

TAROT **Outil de connaissance de soi**	**ORACLE** **Deux types d'outil**
Ça parle de ce qui se passe en nous : * nos parts d'ombre * nos ressources intérieures	* **Prédictif**. Parle des choses extérieures qui pourraient s'introduire dans nos vies. * **Reboosteur**. Nous transmet des phrases inspirantes pour retrouver le moral et la niaque.
Le tarot permet de regarder dans nos angles morts et d'être à l'écoute de notre voie/voix.	Les oracles sont tantôt prédicateurs, tantôt motivateur.

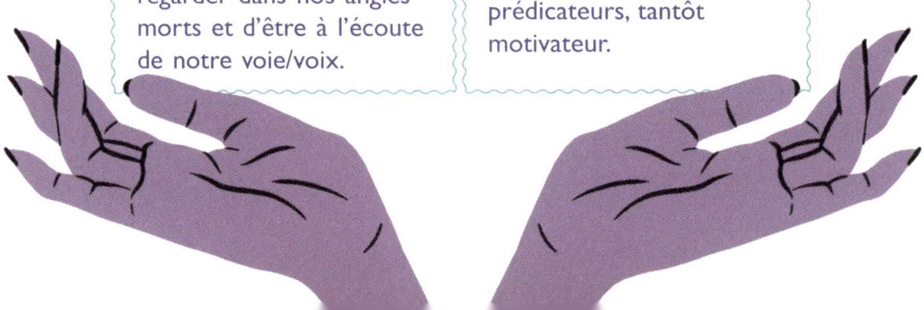

MAIS QU'EST-CE QU'ON FAIT, AVEC LES CARTES ?

On leur pose des questions pour obtenir des réponses sur des sujets donnés. Exemples : « Est-ce que mon histoire avec Rodrigo va marcher ? », « Comment réussir ma première année de médecine ? », « J'hésite entre deux voies professionnelles, laquelle choisir ? ». *(On parlera p. 59 de la manière de formuler des questions. Dans ces trois exemples, il n'y en a qu'une qui soit plus ou moins bien posée. Pourquoi ? Parce qu'on ne pose pas sa question de la même manière selon qu'on est dans un mood plutôt divinatoire ou psychologique.)*

Le but du jeu

décrypter le passé, comprendre le présent, prévoir l'avenir.

Grâce aux cartes, on peut obtenir des informations sur une situation, accompagnées de conseils. Ça peut affiner notre perception ou nous montrer une tout autre version de l'histoire, à laquelle on n'aurait pas pensé. Globalement, si on se connaît bien, on n'apprend pas grand-chose après un tirage de cartes, mais c'est toujours fun de se prendre quelques vérités en pleine face !

Prévoir ≠ prédire

« Prévoir », comme la liste de tout ce que tu dois emporter pour aller en vacances au ski. Si tu prends un maillot de bain, par sûr que ça soit adapté pour dévaler les pistes…

Ce qui est intéressant avec le tarot, c'est qu'il renferme des concepts aussi joyeux qu'angoissants. Il braque un projecteur sur tout ce que nous avons à offrir au monde : notre *dark side*, que nous n'osons pas forcément assumer et explorer, comme nos *light sides* (« parts lumineuses »), que nous osons parfois timidement exploiter et exposer. Dans ce cadre, il peut constituer un travail préparatoire ou complémentaire à celui qu'on pourrait effectuer chez la·e psy : cerner nos peurs, déjouer les tours de l'inconscient et rendre conscients nos actes. Le tarot ne se substitue pas au travail du ou de la psy, mais il peut nous convaincre d'aller en voir un·e !

COMMENT ÇA MARCHE ? SPOILER : C'EST UNE AFFAIRE DE CROYANCES…

Plusieurs écoles s'affrontent sur ce point. Certain·e·s te diront que leurs guides, anges, ancêtres leur parlent à travers les cartes. D'autres affirmeront qu'il s'agit de résonances liées au hasard, de synchronicité (coïncidence qui prend du sens du fait d'une répétition) ou encore de projections de l'inconscient (infos que tu stockes dans ta tête et qui te font agir de telle ou telle manière). Quoi qu'il en soit, comme tu le vois, c'est avant tout une question de croyances.

C'est à toi d'expérimenter le tarot et de voir avec quelle croyance tu es la·e plus à l'aise. À toi de croire au fonctionnement qui te parle le plus. Personne ne pourra t'imposer une façon de penser. Tout comme tu seras probablement amené·e à rencontrer des gens qui rejetteront en bloc ta pratique car elle est contraire à leurs principes ou à leur religion.

Tarot tips

Comme aux cousinades, on s'assoit le plus loin possible du tonton raciste pour éviter d'entendre ses bêtises qui rendent les conversations stériles. On garde sa salive : argumenter auprès de personnes aux idées arrêtées nous fera perdre plus de temps et d'énergie qu'autre chose. En revanche, échanger et débattre avec des personnes qui sont aussi curieuses qu'on pourrait l'être à leur égard, ça, on peut !
Cultivons le non-jugement (même si on avoue que c'est difficile pour tonton) et apprenons à respecter les croyances de chacun·e.

EST-CE QUE ÇA MARCHE VRAIMENT ?

Tout dépend de ce qu'on en attend. Les cartes constituent un outil fabuleux pour comprendre nos propres peurs et nos parts d'ombre sans que ça soit trop effrayant. Ben oui, en vrai, qui a peur de bouts de carton – les dresseurs de Pokémon, très certainement ? Grâce à la forme même du tarot, une distance s'instaure d'office entre nous et les cartes, ce qui rend l'expérience plus confortable et cultive le détachement vis-à-vis de potentielles vérités difficiles à accepter.

TIRER LE TAROT POUR SOI OU POUR LES AUTRES ?

Pour soi

Moment privilégié avec toi-même pour y voir plus clair.

But : mettre des mots sur ce que tu ressens, obtenir des informations sur ta situation et des clés pour y faire face.

Les PLUS : faire du journaling, interprétations faciles vu qu'on se connaît bien.

Les MOINS : la tentation de se raconter des histoires en ne gardant que les interprétations positives et en occultant le reste ; difficultés à voir dans les angles morts.

Pour les autres

Moment de partage avec une personne qui souhaite un éclairage sur sa situation.

But : échanger et l'aider à mettre des mots sur ce qu'elle ressent, obtenir des informations sur sa situation et des conseils pour y faire face.

Les PLUS : ta neutralité face à sa question et l'interprétation du tirage.

Les MOINS : la difficulté de ne pas projeter ses propres peurs et d'avoir les épaules pour assumer les conséquences du tirage.

Première conclusion *(Déjà ? À la p. 13, c'est très fort !)* : le tarot sert à ce qu'on veut qu'il serve. *Choose your team* : *team* divination ou *team* psychologique ? Ici, on est dans un délire tarot psy. Si des prédictions s'incrustent, on dira que c'est le hasard…

La non-histoire du tarot

Qu'apprend-on de l'Histoire avec un grand H ? Qu'elle n'est jamais figée et qu'on y fourre ce qu'on veut, surtout quand il s'agit de la rendre plus belle qu'elle ne l'est. Alors ne compte pas sur moi pour un flash-back exhaustif de l'histoire du tarot : d'abord, ses origines, bien que documentées dans plusieurs ouvrages, sont un sujet de recherche en progression perpétuelle. Ensuite, j'oublierais forcément des trucs. En somme, ce serait un exercice trop périlleux pour ne pas me faire attraper par la veste. Du coup, je vais te raconter la non-histoire du tarot. Avec une négation, un petit « h » et des raccourcis. (Désolée, mais on n'y comprend rien, à votre Histoire avec un grand H.)

Au départ, le tarot, c'était pas du tout l'outil qu'on connaît aujourd'hui. Le délire de se tirer les cartes, tu oublies. **Le tarot est une fusion entre un jeu de cartes à jouer**, les 56 arcanes mineurs, **et des atouts**, les 22 arcanes majeurs. Les premières, reconnaissables par les enseignes italiennes du XIVe siècle, sont largement influencées par les cartes du Moyen-Orient et diffusées grâces aux relations commerciales. Les atouts, quant à eux, sont de très belles cartes additionnelles peintes à la Renaissance pour l'éducation de la jeunesse aristo milanaise afin de rendre leur jeu plus fancy. L'Église a toujours réprimandé l'utilisation des cartes, en mode *vade retro Satanas*, mais ces thugs d'Européens ont quand même continué à les utiliser.

**Le tarot de Marseille :
le Gandalf du *game***

Le jeu dont tout le monde se souvient aujourd'hui en Europe, et donc le plus vieux que tu aies connu (ce qui ne veut pas dire que c'est le plus vieux jeu connu, tu suis ?), c'est le tarot de Marseille. Tu sais, celui qu'on voit le plus en France et dont les gens n'utilisent que 22 cartes sur 78, parce que l'interprétation des 56 autres, non illustrées, fait saigner du nez.

UNE STORY TIME AUSSI SUCRÉE QU'UNE TARTE À LA CRÈME

Coupable

Antoine Court de Gébelin (lanceur de la trend égyptienne dans le tarot)

Entre le XVIe et le XVIIe siècles, un petit malin (dont on ne connaît pas le nom) rassemble toutes les cartes pour créer le jeu de tarot qu'on joue encore aujourd'hui sous cette appellation. Au XVIIIe siècle, voilà qu'un érudit certifie que le tarot est un outil ésotérique descendant des Égyptiens. Ça fantasmait sec sur les hiéroglyphes, les pharaons, et probablement sur Cléopâtre aussi, à l'époque. On baigne dans l'égyptomanie.

Alors qu'on a appris qu'il s'agissait d'un crossover entre des cartes venant d'Orient et d'Italie ! Aucune importance : d'aucuns se rangent derrière cette théorie, et c'est dans le plus grand des calmes que ce gros freestyle collectif voit le jour. Une fois lancée l'idée de lire le tarot, on décide d'appeler les cartes « arcanes majeurs » et « arcanes mineurs », parce que ça fait plus classe.

Objet du crime

Monde primitif (édité entre 1773 et 1782), 8e volume

Entre fantasme et opportunité de légitimer son art (divinatoire) naissant, chacun·e y va de son œuvre pour soutenir cette belle histoire. En pleine *hype* de la cartomancie, le marché se développe et le tarot devient un objet marketing fabuleusement déclinable à l'infini.

QUAND VOLDEMORT RENCONTRE DUMBLEDORE

En Grande-Bretagne, on ne jouait pas au tarot, du coup, l'imaginaire était libre d'idées préconçues et il était plus facile de faire de ce jeu quelque chose de mystique et légendaire. Au XIXe siècle, on fonde même un genre de société secrète (pas du tout secrète, en vrai, mais c'est plus fun dit comme ça), la Golden Dawn (Ordre hermétique de l'Aube dorée), où on étudie le tarot. De tout ça naissent deux autres jeux de tarots majeurs : le tarot de Thoth et le tarot Rider-Waite Smith.

Comme les Spice Girls, l'organisation d'occultistes disparaît, mais une vague d'auteur·e·s déferle sur le marché pour contribuer à élever le niveau quant à l'utilisation du tarot. Pour une pratique éthique faite de quête personnelle et accessible aux personnes désireuses de se réapproprier leur spiritualité.

Depuis, les jeux se déclinent, se multiplient, pour le plus grand plaisir des collectionneurs et des maisons d'édition et, parfois, au grand dam des puristes, qui professent qu'il y a le vrai tarot et le faux tarot. Mais qu'est-ce que le *vrai* tarot ? Vous avez deux heures.

LES TROIS TAROTS DE LA FAME

Le tarot de Marseille	Le tarot Rider-Waite Smith	Le tarot de Thot
« La seule certitude, c'est que rien n'est certain. » Pline L'Ancien	1910 créé par Arthur Edward Waite, occultiste, & illustré par Pamela Colman Smith	1944 créé par Aleister Crowley, occultiste olé olé, & illustré par Frieda Harris
* Le chouchou des puristes et le plus connu en France * Puissant et élégant * Mineurs non illustrés	* Le plus vendu dans le monde * Lumineux et simple d'accès * Mineurs illustrés (le premier) * Inverse la carte de la Force en VIII et celle de la Justice en XI (pour une meilleure correspondance astrologique)	* Le préféré des élitistes * Flamboyant mais plus difficile d'accès avec une richesse en symboles ésotériques puissance 1000 * Mineurs non illustrés mais avec un mot clé * Comporte des cartes de cour différentes (Cavalier, Reine, Prince, Princesse)
À lire ***La Voie du tarot,*** Alejandro Jodorowsky et Marianne Costa, 2004	**À lire** ***Lire le tarot avec le Rider-Waite,*** Emmanuelle Iger, 2017	**À lire** ***Le Livre de Thoth : tarot égyptien,*** Aleister Crowley, XXe siècle

À lire, pour la grande histoire du tarot

L'Histoire du tarot, Isabelle Nadolny, 2018

Voyance vs tarot psychologique :
le choc des titans

Quand on tire les cartes, on s'attend généralement à ce qu'elles répondent à nos questions : « Vais-je rencontrer l'amour ? », « Est-ce que je vais avoir cette promotion ? », « Mon proprio va-t-il enfin se décider à baisser mon loyer ? ». Évidemment, on espère obtenir des prédictions favorables à notre destinée et, quand elles ne le sont pas, on se souhaite d'y échapper sans trop de casse. On se soucie assez peu de savoir quelle est la méthodologie employée lorsque l'on tire les cartes. Pourtant, elle peut conditionner les réponses reçues.

Là où la voyance te dira : « Tu vas gagner 1 million d'euros ! », le tarot psychologique demandera plutôt « Comment gagner 1 million d'euros ? ». Et, surtout, si ça fait partie intégrante de ton processus d'évolution. **Traduction :** t'as peut-être d'autres priorités fondamentales plus accessibles à gérer avant. Le tarot est comme un étudiant face à sa copie de philo. Il peut faire un hors-sujet, mais il a le pouvoir d'ouvrir le débat et de faire évoluer tes problématiques.

Dans le premier cas (voyance), on s'en remet à une prédiction qui peut nous enfermer et nous faire passer à côté d'opportunités : si on te prédit le grand amour avec un beau blond aux yeux bleus et que tu te fermes au premier roux venu sous prétexte que « blond vénitien », c'est pas vraiment blond… Tu risques de l'attendre encore longtemps, ton prince charmant ! La bonne nouvelle qu'on s'est réjoui·e de recevoir tourne à la balle dans le pied, puisqu'on est dans l'attente que l'événement se produise, les fesses vissées sur le canapé…

Dans le second cas (tarot psychologique), on est davantage dans une logique de compréhension d'une situation et de réflexion quant aux options qui s'offrent à nous pour vivre pleinement les événements. Donc, plutôt que de te prédire un apollon, on ira d'abord s'assurer que tu es prêt·e pour une rencontre, et on regardera comment mettre toutes les chances de ton côté. Il peut par exemple être utile d'identifier un deuil relationnel qui reste à effectuer avant de foncer tête baissée dans une nouvelle relation. Parce que si c'est pour reproduire les mêmes erreurs, as-tu vraiment envie de te remettre en couple ?

Le tarot psychologique se veut dans la prise de conscience et l'accompagnement de l'autre pour qu'il·elle parvienne à s'épanouir. Ce n'est pas le jeu de cartes ou la·e praticien·ne qui prend des décisions à ta place, mais bien toi qui en es responsable. Il y a des choses à comprendre et des choix que toi seul·e peut réaliser en conscience.

La double responsabilité

* La personne qui tire : **ne pas prendre l'ascendant sur l'autre.**
* La personne qui reçoit le tirage : **user de son libre arbitre.**

Qu'elles soient de voyance ou de développement personnel (*aka* tarot psy), ces pratiques sont régulièrement décriées : on y croise bien sûr quelques charlatans qui les font paraître plus néfastes qu'autre chose. Certes, comme dans tout domaine, il y a des gens avec de l'éthique et d'autres sans. Il conviendra donc de faire la part des choses et de ne pas mettre tout le monde dans le même panier. En attendant, on fait un beau mouvement à la *Matrix* pour esquiver les balles de l'amalgame.

Les différentes formes de voyance

* **Le tarot divinatoire :** des prédictions réalisées par la lecture du tarot. Presque tout le monde peut le pratiquer avec plus ou moins d'exactitude. Ici, on cherche à deviner ce qui va advenir. Certains considèrent que, en faisant du psychologique, on fait forcément un peu de divinatoire puisqu'on « devine » des choses. Et inversement pour le divinatoire : la dimension psychologique d'écoute et de formulation des mots utilisés entre forcément en jeu.
* **Les canalisations médiumniques :** elles incluent une faculté extrasensorielle permettant d'obtenir des messages de l'invisible. L'utilisation d'un support n'est pas nécessaire pour ces personnes appelées « médiums ». Comme les X-Men, elles ont des super-pouvoirs et leur mission peut s'avérer délicate.

Peu importe la pratique, dans les deux cas, l'écoute est au cœur de la séance, de laquelle on repart apaisé·e et plein·e d'espoir !

Ode à l'autonomie

Le tarot s'utilise tantôt comme un GPS *mode pilote automatique activé*, tantôt comme une carte routière *niveau aventurier·ière débloqué*. Dans les deux cas, il nous montre le meilleur chemin pour aller vers notre âme. C'est un voyage qu'on fait seul·e, mais dans lequel intuition et jugeote seront récompensées.

Pourquoi le tarot est-il devenu mainstream ?

Commençons par l'intérêt de l'humain pour l'ésotérisme dans sa globalité : astrologie, numérologie, chirologie, tarot, etc.

QU'EST-CE QUI REND CES PRATIQUES SI SEXY ?

Le fait que tout est lié et qu'elles révèlent des résonances là où le rationnel n'aurait pu le faire seul. Ces pratiques nous permettent d'y échapper pour nous connecter à quelque chose de mystérieux qu'il nous tarde de découvrir sous toutes ses coutures ! C'est une forme de spiritualité à partir de laquelle on se connecte à soi, à autrui, mais surtout à plus grand que soi.

Si les concepts religieux ont été fédérateurs et ont permis [liste de toutes les choses bien qu'ils ont permises – C'EST UN LIVRE SUR LE TAROT, EN FAIT] et la reliance à l'Univers (Dieu, quoi), ils requièrent d'adhérer à un dogme irréfutable. L'ésotérisme est une alternative pour ceux qui ne se reconnaissent pas dans la religion : une forme de spiritualité que l'on peut pratiquer sans risque de se brûler les fesses en enfer, tout en faisant de son mieux pour devenir quelqu'un de meilleur. Et c'est précisément ce que le tarot offre : cette opportunité d'une transformation personnelle.

✷

LE MULTIVERSE DANS LA CRÉATIVITÉ

✷

Intemporel, le tarot a été réinventé à toutes les sauces : samouraï, algérienne, blanche… On en a pour tous les goûts. Du coup, en fonction de ma sensibilité, de mes aspirations du moment, de ma culture, etc., je peux trouver un jeu qui me convient quelles que soient les circonstances :

✷ un tarot licorne quand j'ai envie de positivité et de croire en mes rêves ;

✷ un tarot fleuri quand j'ai besoin de poésie et de douceur dans mon quotidien ;

✷ un tarot pirate quand je sens qu'il va me falloir du courage pour affronter la tempête.

Il est déclinable à l'infini, et on trouvera forcément une version qui nous parle plus qu'une autre. Plus il nous touche, plus il sera facile de se l'approprier, de créer une synergie entre ses symboles (aussi appelés « archétypes ») et nos analogies (associations d'idées). Ces croyances réenchantent le monde et mettent notre esprit dans un état propice à comprendre les signes qui se présentent à nous (archétypes, synchronicités) afin de permettre au processus de transformation de s'immiscer dans notre réalité.

Le symbole : langage universel

Le tarot foisonne d'archétypes (minimum 22) auxquels nous pouvons nous identifier. Nous pouvons tirer des leçons de leurs expériences et les faire coïncider avec les nôtres, ce qui rend l'identification aisée. 1 symbole = 1 image pour 1 concept (ou plusieurs). Il renferme l'essence d'une idée, de la plus simple à la plus élaborée, de la plus anodine à la plus engagée. Son but est de **la rendre concrète, voire universelle**. L'intérêt est que **chaque personne pourra ainsi se l'approprier**. En fonction de notre culture, de notre éducation, de notre vécu, de nos traumatismes, de notre [merci de compléter], nous ne percevons pas ce symbole/message de la même manière. À chacun·e de percer le mystère de son sens caché !

Exemple : Dans sa représentation traditionnelle, la carte de l'Empereur est censée être une carte de structure et d'autorité. Le genre de concept dont on a besoin si on ne veut pas aller droit vers l'anarchie. Une Chloé y verra une figure paternelle rassurante offrant un cadre sécurisant, montrant la voie d'une vie bien ficelée apte à la protéger des grandes vagues de la vie. A contrario, pour une Audrey, c'est la plaie : des règles absurdes, un cadre aussi étouffant qu'un col à jabot, des 49.3 abusifs et surtout la fin du freestyle. *L'autorité, c'est nul.*

Chacun·e ayant sa propre perception, l'interprétation est forcément personnelle. Certaines images ont sur nous un effet épidermique, d'autres réveillent de vives réactions qu'on ne peut expliquer car elles font écho à un élément enfoui dans notre inconscient… On tentera donc de mettre des mots sur des maux.

Moralité : Les bons et les mauvais moments de notre vie créeront notre lexique d'interprétation.

Nos cartes et leurs symboles nous permettent de :

✱ Nous mettre face à une situation :
« J'ai grossi et mon jean me le dit (la fermeture n'arrive plus à prendre l'ascenseur). »

✱ La voir sous un autre angle :
« OK, mais est-ce que je suis en bonne santé ? Bien dans mes baskets ? Peut-être est-ce temporaire ? Ou pas ? »

✱ Comprendre ce qui a provoqué cet état, cette situation, ce problème : « J'ai eu une grande période de stress », « Je me suis mis·e en couple et j'ai activé le mode épicurien ».

✱ Déduire quelles options s'offrent à nous :
« Un peu de méditation, un meilleur sommeil, une hygiène de vie saine ainsi que la résolution de la source du stress », « Me foutre la paix, accepter et acheter des vêtements à ma taille ».

Red flags du game

Entre celles·ceux qui en ont fait des caisses autour de ses origines mystifiées, les membres du FC Charlatanisme qui en ont profité pour y dissimuler leur quête de pouvoir ou encore les injonctions paralysantes du *game*… Cela met assez peu en confiance pour 1) être pris·e au sérieux en général et 2) se lancer sans avoir peur de foncer dans le mur. Comme dans toute discipline, il y a des *red flags* auxquels prêter attention. Que ce soit des comportements, des personnes à éviter ou simplement des indicateurs que la voie empruntée commence à sentir le roquefort. Bienvenue sur l'île de la Tentation !

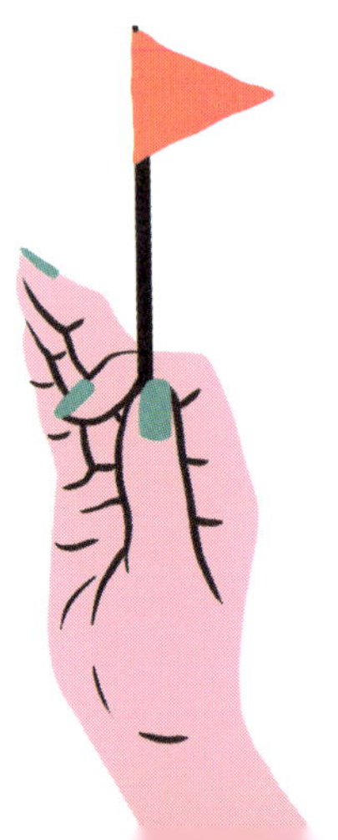

UNE THÉORIE STÉRILE OU QUI NE NOUS PARLE PAS

« Puisque de grands sages avant moi ont établi ces théories, pourquoi les réfuter ? En me rangeant derrière, au moins, je ne prends pas de risques et, surtout, j'ai plus de chances de faire l'unanimité ! Ma pratique ne pourra être réfutée, étant donné qu'elle se conforme à une pensée approuvée par le plus grand nombre… »

Oui, mais non. Jadis, on disait qu'il fallait obligatoirement couper son paquet de la main gauche. Un jour, une personne, probablement un droitier, a dit « non », et ce « non » a normé le fait que chacun… fait bien ce qu'il a envie !

LES INTERPRÉTATIONS STANDARDISÉES DES CARTES

Certain·e·s vont apprendre par cœur la signification des cartes avec des mots clés pour être sûr·e·s d'avoir le vocabulaire requis quand ils·elles devront les tirer. L'idée n'est pas mauvaise, au départ, puisqu'elle donne un vocabulaire de base sur lequel s'appuyer pour commencer à réfléchir à une interprétation. Toutefois, la tentation peut devenir grande de scotcher toujours les mêmes mots clés à une carte, quel que soit le contexte du tirage… Résultat ? Bah, ça donne des interprétations impersonnelles et hyper *boring* qu'on aurait pu lire sur une plateforme de voyance sur Internet, en fait.

Si ton but est de parler comme le père Fouras – ce qui arrivera probablement, et évidemment que c'est OK de temps à autre –, pas sûr que la personne à qui tu tires les cartes y pige grand-chose. Le but d'un tirage est d'être compréhensible et utile dans la mesure du possible. Acceptons le cadre, tout en s'autorisant à en sortir ! Y a pas la Tarot Police qui va venir te mettre un PV parce que tu n'as pas utilisé les mots clés usuels. *Calm down!*

UNE PRISE DE MELON SOUS PRÉTEXTE QUE NOS TIRAGES SONT FLUIDES

Reconnaissons que, lorsqu'on est face à une personne stoïque qui ne sourcille pas pendant une lecture, on sue légèrement du sif. « Ai-je dit une bêtise ? Suis-je à côté de la plaque ? » C'est normal de s'en inquiéter au départ. Puis, avec le temps, on accepte de ne pas recevoir à tous les coups le gratifiant « Ça me parle ! ».

Seulement voilà, au bout d'un moment, si tout va bien, on cumule un certain nombre de compliments, de remerciements et de gratitude… Et là, il s'agit de prendre un peu de distance vis-à-vis des propos dithyrambiques si on ne veut pas dévier et se retrouver avec l'ego surdimensionné d'un Kanye West.

On ne connaît pas toujours le passif de la personne qui nous consulte. On arrive avec notre analyse et on lui conseille de prendre de la distance vis-à-vis de cet ex toxique qui ne la contacte qu'à minuit un vendredi sur deux. La personne prend conscience que cette mascarade a assez duré et qu'elle mérite mieux ! COMPTE BLOQUÉ. Elle te remercie vivement, et toi, tu te sens aussi puissant·e qu'un mec avec un slip rouge par-dessus son pantalon. Or, ce que tu ignores, c'est que ça fait un an que sa BFF, sa famille, son psy, lui disent EXACTEMENT ce que tu viens de lui dire. Tu peux rétorquer : « Oui, mais j'ai su faire passer le message, MOI ! » Redescends. T'as juste été au bon endroit, au bon moment, même si tu as sûrement bien choisi tes mots pour formuler ton message. Rappelle-toi que tu n'es qu'un maillon du processus. C'est l'ensemble de ses expériences, et le fait que la personne était prête à recevoir le conseil, qui fait que ton tirage a eu un impact.

Le tarot est là pour transmettre un message.
Il n'y a de vérité que si la·e consultant·e le vit ainsi.

UNE DISPOSITION À PENSER DÉTENIR LA VÉRITÉ OU LA SEULE ET UNIQUE INTERPRÉTATION

À propos de vérité… Un jour, il est possible que tu tires les cartes à une personne qui elle aussi en connaît un rayon. Peut-être même qu'elle viendra réinterpréter ta lecture parce que, tu comprends, « le 4 de Bâtons, c'est l'engagement et rien d'autre ». Ainsi, tu verras qu'il est complètement absurde d'aller juger la pratique d'autrui mais aussi de s'enfermer dans des interprétations sous prétexte que machin·e a dit ceci.

Il y a autant de pratiquant·e·s que de pratiques. Par conséquent, il y a autant d'interprétations que d'interprètes. Les ateliers de pratique sont hyper intéressants pour se confronter à la vision d'autrui et ainsi enrichir la sienne.

Tarot tips

Le meilleur indicateur pour savoir si c'est la « bonne » interprétation, c'est ta·ton consultant·e (la personne à qui on tire les cartes). C'est à elle·lui que ça doit parler. Pour l'un·e, le 3 de Coupes sera une fiesta entre potes, tandis que, pour un·e autre, ce sera une victoire sur quelque chose ou encore un trouple ! *Be aware*, mon Jean-Claude.

UNE TENDANCE À POSER PLUSIEURS FOIS UNE MÊME QUESTION

Quel est l'intérêt de poser 50 fois la même question si rien n'a évolué depuis ton dernier tirage ? Comptes-tu piocher jusqu'à tomber sur la carte souhaitée ? Admettons, tu tires enfin le 10 de Coupes (voir page 147), parce que tu espères fonder une famille avec Cassandre la pharmacienne à qui tu as commandé une crème contre les hémorroïdes. Vas-tu en plus l'obliger à te suivre jusqu'à ton domicile pour forcer le destin ? Non, avouons que c'est un peu bizarre. Ne prends ni Cassandre ni le tarot en otage. Fais appel à lui quand c'est nécessaire, et commence par une action réfléchie. Fais un compliment à Cassandre pour voir si elle est réceptive à tes charmes avant d'écrire le scénario d'une vie qui n'existe que dans ta tête.

Tarot tips

Pose ta question, intègre les messages du tarot et mets en application ses conseils, pour commencer. Observe l'évolution et, si changement significatif il y a, peut-être que tu voudras faire évoluer ta question.

UNE PRISE À LA LÉGÈRE DES CONSÉQUENCES D'UN TIRAGE SUR UNE THÉMATIQUE PROFONDE

Autant, des fois, ça va donner lieu à des prises de conscience intéressantes, voire à des interprétations un peu drôles du type : « 4 de Deniers : t'es tendue comme un string, Natacha ! » Autant, des fois, ça va être le feu et les grandes eaux, si tu réveilles un traumatisme d'enfance bien enfoui et refoulé, par exemple. Si tu n'es pas préparé·e à ça, que ton empathie n'est pas au max, tu vas fragiliser la personne plus que lui rendre service. Et ce n'est clairement pas ce qu'on veut.

Si tu tires les cartes, prépare-toi à en assumer les conséquences. Quand on ouvre la boîte de Pandore, il est recommandé de savoir la refermer. Ou au minimum de réussir à faire le pompier pour calmer les flammes et d'être en mesure d'appeler du renfort.

Tarot tips

Plusieurs options s'offrent à toi : entamer un processus d'apprentissage/de formation autour de la psychologie ou avoir une liste de thérapeutes sous le coude vers qui tu pourras envoyer ta·ton poulain·iche.

UN PENCHANT POUR IGNORER SES LIMITES, N'EST PAS DISCIPLE DE JUNG QUI VEUT

Si en refermant ce livre et après trois semaines de pratique tu te dis que tu vas devenir thérapeute avec le tarot, tu vas vite revenir du pays des Merveilles. Entre tirer les cartes pour soi ou pour ses potes et le faire pour des client·e·s, c'est un Paris-Moscou. À moins de s'être découvert un don de voyance entre-temps, on peut difficilement, dans une démarche d'honnêteté, s'autoproclamer tarologue professionnel·le. Comme dans tout métier, un minimum d'heures de vol est requis pour assurer la qualité et le sérieux de ses prestations.

Cette partie n'est pas une invitation à devenir frileux·euse. Si tu as des rêves, tu te dois de mettre en place des actions pour les concrétiser ! Seulement, il y a quelques questions à se poser quant à tes motivations. Pourquoi veux-tu tirer les cartes ? Outre la démarche entrepreneuriale, s'il peut y avoir une démarche altruiste derrière ta volonté, la nécessité d'un cheminement psychologique (un travail sur soi) est à avoir en tête car tout le monde n'est pas prêt à l'assumer. Projeter ses traumatismes sur le tirage d'autrui peut avoir des conséquences dévastatrices sur sa psyché.

Par ailleurs, le tarot ne remplacera jamais un diagnostic médical. La tentation de savoir si on va guérir d'un cancer ou d'un herpès vaginal est grande. Revenons sur terre, agissons en conscience et avec objectivité.

Tarot tips

♥

Si tata Giselle te demande si elle va réussir à vaincre son alopécie, recentre la séance en lui indiquant avec gentillesse que tu n'es pas médecin. Propose-lui de prendre rendez-vous avec elle chez un·e spécialiste, puis suggère de réaliser un tirage pour voir comment elle peut vivre au mieux cette situation délicate. Autre possibilité : lui offrir une *wig* arc-en-ciel (et pourquoi pas ?).

La liste des *red flags* est longue et non exhaustive, mais on ne saurait se laisser impressionner par ces derniers ! Comme nos parents qui ont fumé des joints avant nous, forgeons notre propre expérience quitte à fricoter avec le *bordeline* (sauf si on met la vie d'autrui en danger, faut pas déconner).

Code d'honneur : éthique et badasserie

Le tarot a le pouvoir de nous révéler et de nous transformer si on accepte de travailler sur nous. Si ce pouvoir est sous-estimé ou utilisé à mauvais escient, comme vu dans les *red flags*, les dégâts peuvent être importants. Pour éviter ça, on se prémunira d'une éthique et de sens moral.

PRÉAMBULE

Attitude, comportement & style

Une tarot *bad bitch* a des valeurs qu'il·elle incarne au quotidien dans sa pratique. Il·elle n'est pas toujours parfait·e, mais il·elle s'engage à tendre vers un comportement exemplaire, car ses intentions sont bienveillantes : se comprendre si il·elle tire les cartes pour il·elle-même ou aider les âmes en peine si il·elle le fait pour les autres.

CONFIDENTIALITÉ

Ce qui se dit en consultation reste en consultation

« Je te dis un secret mais tu me promets de ne pas le répéter ? » TMTC que les probabilités pour que ledit secret soit révélé à un·e autre BFF dans les trois jours sont grandes. Alors apprends à tenir ta langue ou mets-toi au crochet, pas au tarot.

RESPECT – NON-JUGEMENT

Only God can judge me

Ton job est d'amener un point de vue nouveau par le prisme d'un tirage de cartes *random* (aléatoire), pas de juger un outfit. Si tu commences à ramener ta fraise avec ton avis, tu tues la magie qui pourrait naître en toi ou en face de toi. Reste humble, à l'écoute, et accepte d'être un·e simple intermédiaire dans le message à délivrer.

ÉVEIL – CURIOSITÉ

Voir plus loin que le bout de son nez

La vérité est comme la beauté : subjective. Le tarot permet d'aller au-delà des apparences. Le but du tarot n'est pas de découvrir une vérité absolue, si tant est qu'il en existe. Il s'agit au contraire de ne pas rester scotché·e à une idée fixe, et de porter un intérêt constant au sujet pour l'enrichir. L'atteinte d'un niveau ne te dispense pas de continuer à t'ouvrir à de nouveaux enseignements ou à d'autres formes de pratique.

RESPONSABILITÉ

Tirer (les cartes), c'est s'engager

« Fais-moi un tirage vite fait, steuplé ! » Méfie-toi de ce genre de demandes. Tirer les cartes, c'est aussi ouvrir la boîte de Pandore. Même si ça peut être léger et fun, c'est du sérieux. On crée une *safe place* pour le·a consultant·e et on choisit ses mots avec soin, pas « vite fait ».

HUMILITÉ

Se la péter, c'est pour les *basic bitches*

Jouer les divas ne rendra pas ta pratique plus stylée. Seuls l'assiduité et l'engagement quotidiens peuvent développer cet art. Mais parfois, ça ne sera pas suffisant et certaines zones d'ombre ne trouveront pas la lumière par ton biais (*sorry*). Dans ce cas, apprends à décliner et à céder ta place à quelqu'un d'autre.

HONNÊTETÉ – INTÉGRITÉ

On fait pas une partie de poker

Pas de triche, pas de mensonge, et l'intégrité des arcanes sera bien gardée. Tu n'es ni mentaliste, ni super gourou quantique, donc, quand tu ne sais pas, tu le dis. Et puisqu'on parle d'honnêteté : quand tu annonces un prix pour un tirage, tu t'y tiens, t'essaies pas de sortir un lapin du chapeau pour encaisser davantage.

Tuto pour se lancer sans avoir besoin de lire 50 livres

Voici un manifeste pour te convaincre qu'avec de la méthodologie, de la pratique et une bonne ouverture d'esprit, les livres ne remplaceront jamais l'expérience. Mais que, une fois qu'on est lancé·e, ils la renforceront.

L'appétit vient en mangeant

LE SYNDROME DU OU DE LA BON·NE ÉLÈVE

Quand on commence un nouveau projet, on a envie de tout bien faire. On s'achète la panoplie cahier-mignon-Stabilo-pastel-Post-it-fluo en se disant que joli bureau bien rangé = belles leçons bien apprises, et puis, surtout, on achète *tous* les livres sur le sujet, persuadé·e qu'en immersion totale, notre apprentissage sera exhaustif et intense. Bref, on se prépare, sur la forme, à se dédier à la cause.

Petites questions subsidiaires : est-ce qu'on s'inscrit à un marathon alors qu'on n'a pas fait de sport depuis le lycée ? Non. Mais est-ce qu'on décide de reprendre le footing tout doucement tous les dimanches matin ? Oui. Bah c'est pareil avec le tarot. OK, il y a de plus en plus d'ouvrages et de ressources sur le sujet, mais c'est pas pour autant qu'il faut tous se les procurer. Le risque ? S'y noyer. Se perdre dans l'histoire, les traditions, les méthodes d'interprétation, etc. Tout lire, ce n'est pas tout comprendre, et on risque de nager en pleine confusion, d'être démoralisé·e face à la horde d'infos… Tu devines la suite : plus envie, démotivation, abandon. Tandis que si on entre progressivement dans le sujet… Là, c'est une autre affaire !

UN TAROT NOMMÉ DÉSIR

Imagine le tarot comme une Dita von Teese sur scène. On connaît plus ou moins la finalité mais ce qui est excitant, c'est tout autant ce qu'on va découvrir que le processus d'effeuillage… Développe cette relation de séduction avec le tarot. Lui, il cultivera toujours ce mystère avec toi. On a toujours quelque chose à apprendre sur nous. Apprends à le découvrir via le tarot !

UN CHEMIN DE TRAVERSE À NE PAS PRENDRE DE TRAVERS

La *hype* de l'ésotérisme et du développement personnel a fait naître tellement de contenus que tu vas forcément tomber sur un truc qui te parle. Au début, comme tout·e novice, tu seras attiré·e par des ressources bien prémâchées, vite consommées, voire du divertissement, qu'un·e pratiquant·e aguerri·e dénigrerait probablement par rejet de la vulgarisation. Mais à qui revient la responsabilité, au final ? Celui qui produit ou celui qui consomme ? Nous avons tou·te·s la liberté de choisir à qui accorder notre attention et notre argent. Quoi que tu utilises comme source d'infos, même si c'est du *snack content*, ce n'est qu'une porte d'entrée qui doit te donner envie de creuser un peu plus.

Bien sûr, il ne s'agit pas de tout gober aveuglément et de croire n'importe qui sur parole. Mais le libre arbitre, c'est pas du flan, alors à chacun de disposer de sa foi, qu'elle soit religieuse ou non, tout en développant son sens critique. C'est comme à l'école : un des projets de base, c'est de nous y apprendre à penser par nous-mêmes. La·e professeur·e nous instruit, mais nous donne surtout envie d'approfondir nos connaissances en allant confronter la théorie à la pratique.

Rien ne vaut la pratique pour se lancer ! Si un minimum de théorie est certes indispensable, c'est le courage de te lancer dans la pratique qui fera la différence pour développer ton aisance dans le *game*. Au départ, il est tentant de se comparer aux grand·e·s lecteur·rice·s, mais l'expérience apporte elle aussi une légitimité. On peut avoir tout lu sur le kung-fu, si on ne s'exerce pas par des combats, il y a peu de chance qu'on finisse sur un podium du jour au lendemain. L'expérimentation par soi-même et le fait de prendre confiance en ses propres ressentis seront déterminants pour forger ton raisonnement et améliorer tes compétences.

Si tu commences à lire dans un livre qu'il faut tirer de la main gauche parce que, t'as vu, c'est la main du cœeeeeur, mais que t'es droitier·ière et vraiment pas ambidextre... Est-ce que tu vas perdre de l'énergie à te forcer à faire quelque chose de contre-intuitif ? Non. C'est aussi valable pour les interprétations. L'essentiel, c'est de penser par soi-même et d'aspirer à développer sa propre manière de tirer le tarot en se l'appropriant pour en faire un outil personnel et utile, à la fois pour nous mais aussi pour les autres. Je récapitule : pas besoin de lire 50 livres sur le tarot pour se lancer, mais cela pourra être bien si tu décides d'approfondir ta relation avec ce dernier. Car les autres – consultant·e·s, livres, vidéos, pratiquant·e·s, etc. – seront essentiel·le·s pour nourrir et façonner notre façon de penser. L'ouverture, la curiosité et le goût d'apprendre seront des qualités.

De la bonne façon de s'instruire

La connaissance et l'enseignement de nos pairs peuvent être paralysants quand on se lance dans la pratique : « Si j'interprète la Tour comme ça, est-ce que la colère de Dieu va s'abattre sur moi ? » Pas de panique. Dis-toi qu'ils sont seulement là pour l'enrichir lorsqu'on souhaite la faire évoluer. Ça nous permet à la fois d'aller plus loin dans la compréhension des symboles d'une carte, mais aussi dans notre cheminement personnel avec le tarot.

UN SUJET OU UNE RESSOURCE À LA FOIS

Au fur et à mesure de tes tirages, tu te sentiras peut-être à court de vocabulaire, de profondeur ou encore de technique. Progressivement, tu iras donc spontanément enrichir ton dictionnaire et ta méthodologie grâce aux ressources sur Internet ou en librairie. Parfois, tes recherches seront ciblées sur un élément en particulier. **Exemple :** les rituels de protection à réaliser avant son tirage. Concentre-toi sur ce sujet et teste ce qui fonctionne pour toi. Et tires-en tes conclusions sur le protocole à mettre en place – ou pas, si tu n'y crois pas.

Tarot tips

♥

L'engouement pour le développement personnel a fait apparaître des coachs dont le modèle économique pyramidal joue sur ta corde sensible pour te faire céder à la tentation de l'achat. Cependant, tu peux limiter la casse en choisissant en conscience. Si tu t'investis pécuniairement parlant, le minimum que tu puisses faire c'est de t'investir personnellement dans leur programme afin d'amortir l'opération. Avant d'aller te ruiner, vérifie qu'il n'existe pas déjà des informations gratuites à disposition. Elles sont nombreuses et, si tu es polyglotte, c'est merveilleux !

Maintenant, admettons que tu sois très avancé·e dans ta pratique ; quel intérêt as-tu à continuer à te former ? Bah, déjà, à rester ouvert·e. Quitte à ne pas vivre dans une grotte, coupé·e du monde, autant échanger avec les confrères·sœurs sur leur méthode… Surtout, ça te permet d'ouvrir tes horizons vers une pratique en perpétuelle évolution. Tu n'auras probablement pas besoin de faire la formation à 4 000 dollars du vendeur Taropperware, mais t'intéresser à ses découvertes et partages, c'est garder l'esprit ouvert.

L'argent n'achètera jamais une expérience. À toi de la créer !

La connaissance n'est pas figée. Recherches des historiens, expérimentations des experts, trouvailles des néophytes… Tou·te·s, à notre niveau, nous enrichissons la discipline. Elle évolue avec son temps, et il n'y a pas de raison qu'on soit plus figé·e·s qu'elle ! OK, mais qu'est-ce qu'on fait le jour où on a tout lu, tout vu, tout expérimenté ? 10 de Deniers ! ON PARTAGE ! Le tarot, c'est une grande famille qu'on choisit. Alors on la chouchoute. Cordialement.

Interpréter les cartes :
entre intuition et choix des mots

À ce stade, sans un minimum de méthodologie pour interpréter, tu vas rien schtroumpfer ! Toutefois, tu verras qu'avec un peu d'intuition et de jugeote, c'est *easy*. Si on tire les cartes, a priori, c'est pour être réconforté·e. Si c'est pour s'en prendre plein la poire et être accablé·e de reproches, autant attraper un fouet et se flageller direct. On n'est pas venu·e·s pour se faire caresser dans le sens du poil non plus, certes, mais il y a un juste milieu. De fait, on se doit de toujours choisir avec précaution les mots qu'on emploie.

Tarot story time

♥

Une fois, en atelier de pratique, la carte du Diable sort. L'une des participantes lâche un : « Oh mais t'es sadomasochiste, t'aimes souffrir et te mettre dans des plans galères, c'est de ta faute, en fait. » La personne à qui on tirait les cartes s'est mise à pleurer et a quitté la pièce. Le manque de finesse du « viens pas t'étonner du résultat » sans même proposer une solution… Au secours ! Être honnête ne dispense ni de tact ni de gentillesse.

Une fois qu'on a bien en tête la préservation de la *team* fragile (je suis la personne de la *story time*), voici plusieurs **steps d'interprétation**.

✷

DESCRIPTION : JE VOIS, JE VOIS !

✷

Le plus simple, pour se mettre en jambes : décrire ce qu'on voit sur la carte. Comme ça, on évite le syndrome de la page blanche et on met notre intuition et notre esprit de déduction en coworking. Que vois-je sur la carte ?

* Décor
* Personnage
* Action
* Détails
* Posture
* Symboles

À toi !

Pour avoir des informations sur une posture à adopter en entreprise, quel conseil donnes-tu ?

Tirage : VII Le Chariot

Ton interprétation

Looké comme jaja
Pour montrer son audace

Attitude de la win
Pour garder confiance

Paillettes étoilées
Pour nous protéger et nous faire garder le cap

Trottinette de l'espace
Pour foncer même si c'est bancal

Interprétation possible

Passe à l'action même si tu ne sais pas trop si ça va marcher, le mouvement est préférable à l'immobilisme.

✷

SIGNIFICATIONS : MOTS CLÉS ET INTERPRÉTATION

✷

En fonction de tes sources, les mots clés varieront. Tu seras d'accord avec certaines analogies et pas du tout avec d'autres. Tu affineras ça avec le temps. L'intérêt d'utiliser ces mots clés, c'est d'avoir une base pour commencer ta réflexion.

Exemple : Je veux évaluer ma compatibilité avec Djayson. Est-ce que ça peut le faire sur le long terme ?

Je tire l'As de Bâtons :

✷ **Description** : « Je vois une main qui tient une baguette de laquelle sortent des rayons lumineux. »

✷ **Mots clés** : Désir – Créativité – Motivation. Par association d'idées, je trouve une interprétation plausible : beaucoup d'énergie entre nous, si on fait de la danse de couple ensemble, ça va être le *fire* ! L'un contre l'autre, on se donnera l'élan suffisant pour se chauffer à réaliser ce qu'on souhaite.

✷ **Faire des liens** : je confronte toutes les facettes de la carte (positives/négatives = les interprétations que j'aurai déduites des mots clés) pour obtenir un max d'informations. Si on part du principe que l'As est une impulsion, l'énergie qui s'en dégage peut être éphémère si elle n'est pas nourrie. Puis-je vraiment construire quelque chose sur le long terme avec lui ? (C'était l'objet de la question.) Ça peut être fatigant, toute cette stimulation…

✷ **Conclusion** : je synthétise et réponds à la question initiale. Compatibilité *on fleek*. Galipettes, fous rires et stimulations assurées. Malgré un *warning* (minuscule) sur le côté passionné de la chose (toxicité, c'est *so* 2014) et un terrain propice aux petites disputes, le reste annonce une relation dans laquelle on a envie d'être et par laquelle on est attiré·e. Il ne tient qu'au petit couple d'entretenir la flamme le plus longtemps possible.

Tarot tips

♥

Autre technique : *la bibliomancie*.
Ouvrir la page avec l'interprétation de la carte et laisser ses yeux se poser au bon endroit (ça se fait assez naturellement).

S'approprier le tarot par le jeu

Parce qu'entrer direct dans le dur du dur est un peu trop risqué pour ne pas te faire fuir de notre communauté, on va te proposer plusieurs exercices à réaliser en solo ou entre ami·e·s pour faire évoluer ta pratique crescendo.

Jeu #1

Le Taropoly : le jeu des arcanes majeurs

Les arcanes majeurs sont vus comme le voyage initiatique de l'âme pour se libérer du cycle de réincarnation. Plusieurs représentations graphiques ou schémas expliquant la logique des archétypes des arcanes majeurs ont été présentés au cours de l'histoire. Je vous propose ici de les organiser sous une forme de plateau divisé en deux niveaux différents. Le but du jeu : comprendre et intégrer progressivement les leçons de tous les personnages des cases/cartes des différents plateaux.

Ce jeu ne « se joue » pas à proprement parler, mais il aide à comprendre comment on chemine vers soi. Il présente une vision globale du processus d'évolution qu'offre le tarot pour se trouver grâce aux arcanes majeurs.

DEUX NIVEAUX SONT POSSIBLES :

✱ **Level 1, du I Magicien à la X Roue de Fortune :** Il s'agit d'un parcours initiatique durant lequel on se découvre par le biais d'études personnelles et d'enseignements pour se préparer au plateau n° 2.

✱ **Level 2, de la XI Justice au XXI Monde :** Le parcours est complexifié et se veut encore plus spirituel que le premier. On applique ce qu'on a appris de nous, on est testé·e·s au risque de retourner sur le plateau n° 1 pour atteindre la case finale qui symbolise à la fois la fin et l'aube d'un nouveau parcours.

LE POUVOIR DES CARTES/CASES TRANSITOIRES

0 Le Fou : Officiellement, il pointe le bout de son nez en début et en fin de parcours. C'est le bouton *play*. Officieusement, on le retrouve en transit entre les deux plateaux car il donne l'énergie nécessaire à l'aventure. Joker, farceur comme il est, on peut l'utiliser comme carte bonus entre chaque carte/case pour donner l'impulsion.

X La Roue de Fortune : Elle conclut le plateau n° 1 et nous interroge sur nos expériences passées et futures. Lesquelles sommes-nous prêt·e·s à vivre ou à (ne pas) revivre ? En fonction de nos réponses, elle nous enverra sur le plateau adéquat :

* Plateau 1 : Leçons non assimilées, c'est reparti pour un tour. On revit l'aventure initiale pour y intégrer pleinement ses enseignements (un *bis repetita*, en somme), ou on commence une aventure différente (reconversion pro, par exemple). On transitera par le Fou avec la possibilité de se rendre sur la case/carte dont on a besoin afin d'intégrer la leçon.

* Plateau 2 : Leçons assimilées, on est prêt·e·s pour l'évolution. On passe au niveau supérieur avec davantage de tests et de spirituel.

XXI Le Monde : Elle conclut le plateau n° 2 et constitue la victoire de la partie. On a réussi à se réaliser et à atteindre un niveau de conscience supérieure nous conférant l'opportunité de demeurer dans cet état (de libération du cycle des réincarnations de l'âme) ou à rejouer une nouvelle partie.

Chaque case/carte nous apprend une leçon qui nous sera utile pour notre évolution. Prêt·e à se faire une petite partie ?

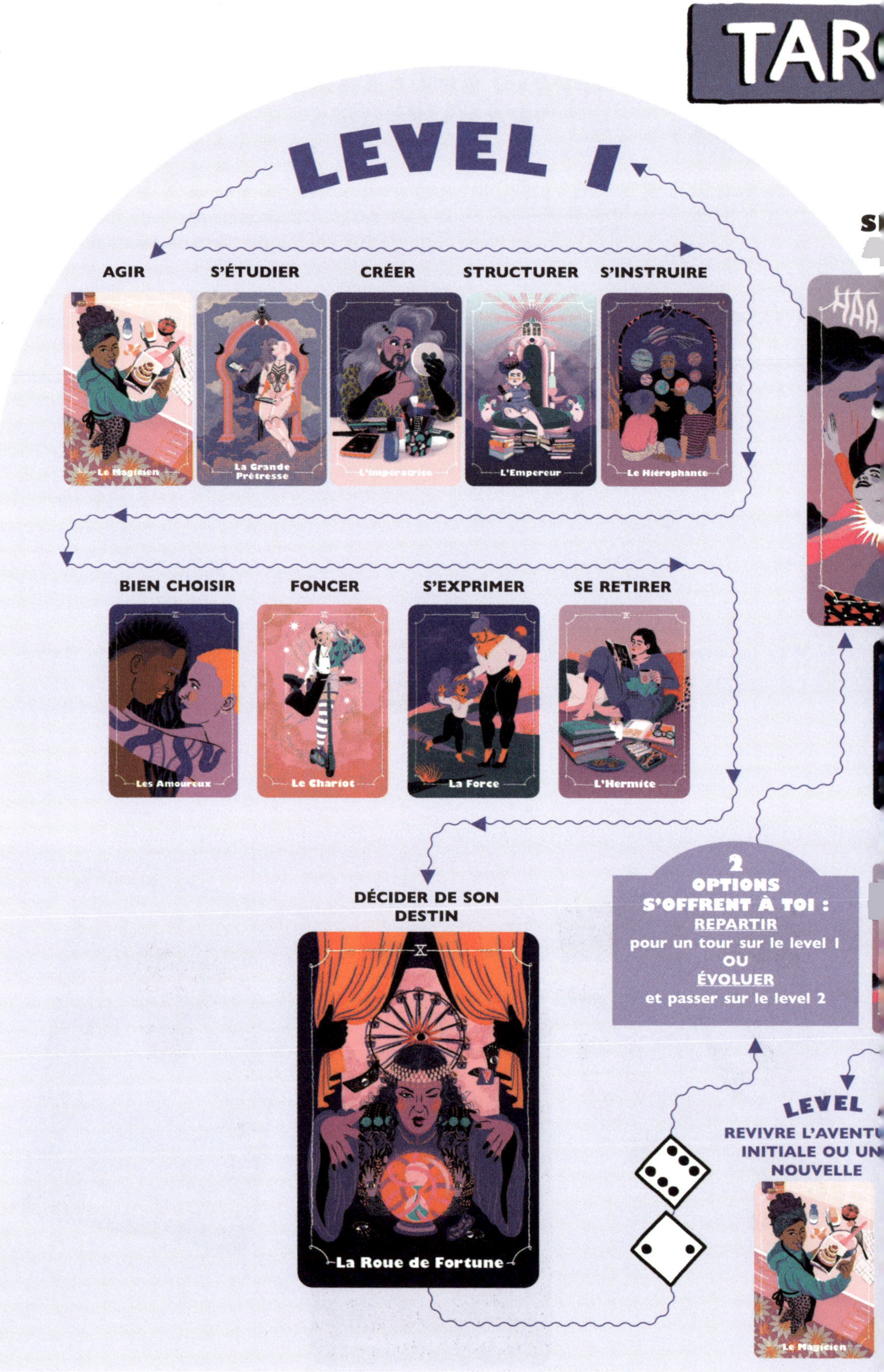
TAR
LEVEL I
AGIR
S'ÉTUDIER
CRÉER
STRUCTURER
S'INSTRUIRE
Le Magicien
La Grande Prêtresse
L'Impératrice
L'Empereur
Le Hiérophante
BIEN CHOISIR
FONCER
S'EXPRIMER
SE RETIRER
Les Amoureux
Le Chariot
La Force
L'Hermite
DÉCIDER DE SON DESTIN
La Roue de Fortune
2 OPTIONS S'OFFRENT À TOI :
REPARTIR
pour un tour sur le level I
OU
ÉVOLUER
et passer sur le level 2
LEVEL
REVIVRE L'AVENTU
INITIALE OU UN
NOUVELLE
Le Magicien

OLY
LEVEL 2
SE LIBÉRER
ÉQUILIBRER
S'ALLÈGER
LÂCHER PRISE
S'ÉCOUTER
Le Diable
La Tempérance
La Mort
Le Pendu
La Justice
S'ASSUMER
BRILLER
FAIRE FACE
ESPÉRER
REBONDIR
Le Jugement
Le Soleil
La Lune
L'Étoile
La Tour
LE JEU RECOMMENCE SUR UNE NOUVELLE AVENTURE
ÊTRE ACCOMPLI·E ET EN PAIX AVEC SOI
Le Monde
LEVEL 2
POURSUIVRE L'AVENTURE ET ÉVOLUER
La Justice

Jeu #2

Le j'aime, j'aime pas

Le but du jeu ? Découvrir quelles cartes nous plaisent ou nous déplaisent et comprendre les messages qu'elles nous enseignent.

*

CONSIGNES

*

Swipe à gauche les cartes qui te font l'effet d'un combo claquette-chaussettes en 2010 : celles qui te mettent mal à l'aise. Swipe à droite les cartes qui te tapent dans l'œil, celles avec lesquelles tu te sens vraiment bien. Et laisse de côté celles qui ne te font ni chaud ni froid. Puis, demande-toi pourquoi chaque carte te fait cet effet.

À toi !

Observe une carte.

Que t'évoquent le·s personnage·s, leur action ? L'ambiance générale, les couleurs ?
Quelles sensations induit-elle ? La carte te rappelle-t-elle un souvenir ?
Comment te sens-tu précisément quand tu la vois ? Pourquoi ?
Est-ce qu'elle te fait peur ? Te dérange ? Quel est son je-ne-sais-quoi ?

Tu peux réaliser cet exercice de plusieurs manières :

* **sur l'ensemble du jeu** pour trouver ta carte préférée et celle que tu aimes le moins ;

* **par éléments** (Coupes, Bâtons, Épées, Deniers) ou majeurs en isolant par catégorie les cartes aimées ou pas ;

* **sur les cartes de cour** en leur attribuant des personnes à qui elles te font penser.

EXEMPLE

J'aime	J'aime pas
Elle me fait du bien : 4 d'Épées Je la trouve calme et apaisante. Elle invite à protéger son jardin secret.	**Elle me fait peur : 5 de Coupes** Elle me rappelle l'état dans lequel je me suis retrouvé·e après ma rupture avec Jennifer, j'ai peur que ce même scénario se reproduise.
Elle me met à l'aise : XIX Le Soleil J'aime sa *vibe* positive et lumineuse ! On a envie de l'encourager et de la rejoindre pour faire la fête.	**Elle me met mal à l'aise : XI La Justice** On dirait ma mère qui me demande si j'ai ramassé le linge ! Elle fout la pression.

Avec le temps, reviens sur tes notes et fais le parallèle entre ta perception de la carte et sa signification. Peut-être est-ce une piste d'introspection à suivre ? Dans l'exemple, on découvrira qu'un 4 d'Épées faisait du bien car on ne voulait pas sortir de sa zone de confort ou bien que XI la Justice mettait mal à l'aise car elle pointait du doigt notre tendance à faire passer le bonheur des autres avant le nôtre.

Jeu #3

La carte du jour

Le but du jeu ? Tirer une carte chaque matin pour obtenir des informations sur sa journée et y revenir le soir pour faire le parallèle entre l'interprétation et ce qui s'est vraiment passé.

CONSIGNES

Tu tires ta carte du jour avec l'intention qu'elle réponde à une des catégories suivantes : énergie du jour, conseil, surprise ou tout ce qui te semble pertinent. Tu notes ce que la carte t'évoque et comment tu l'interprètes. Ensuite, tu fais ta journée en l'oubliant pour y revenir le soir et checker les similitudes entre ce que cette carte mettait en exergue et un événement/comportement auquel tu as été confronté·e. Parfois, ça te semblera évident. Parfois, pas du tout. Et c'est là que la lecture ou le visionnage de vidéos sur cette carte va prendre tout son sens pour toi. Grâce à ça, tu auras plusieurs visions, et donc plusieurs sens à entrecroiser pour y trouver celui qui te parle. Et si toutefois ça ne te parle toujours pas, ben c'est pas grave : il n'y a pas d'enjeux tous les jours…

À toi !

Si tu as besoin d'aide dans la rédaction, fais un petit tour p. 29 à « Faire une interprétation : entre intuition et choix des mots ».

Matin

Date : ……………………

Ta carte : ……………………

Ton interprétation : ……………………

Soir

Ton *feedback* : ……………………

✷

EXEMPLE

✷

Tu tires le 7 de Bâtons : La niaque – Déter – Défi

Un matin, tu tires le 7 de Bâtons ; qu'écris-tu ?

Énergie de la journée – 08 h 00 : Une journée durant laquelle je vais devoir m'accrocher et qui risque de ne pas être de tout repos.

Bilan de la journée – 20 h 00 : Au bureau, on a voulu me rajouter des dossiers supplémentaires. J'ai traité les miens en priorité, puis j'ai pu continuer sur ma lancée.

Et si tu l'avais tiré en conseil ?

08 h 00 : Suite à cette phrase ambitieuse, « Je ne veux plus jamais avoir de tes nouvelles ! Oublie-moi ! », celui dont on ne doit plus prononcer le nom (*aka* mon ex) va me tester et m'envoyer un « Salut, ça va ? » dans l'espoir de « S'EXpliquer ». Céder à la tentation serait inutile, puisqu'on sait tou·te·s que rien ne changera. Refuser allègrement son invitation est le comportement d'adulte adéquat.

20 h 00 : Dans le mille ! Il m'a contacté·e, je l'ai laissé en vu. J'ai ajouté à sa fiche contact un émoji VAMPIRE en mémoire de ma beauté aspirée dans le pot de Ben & Jerry's. Le step suivant serait quand même de bloquer ce pompeur d'optimisme. Mais suis-je vraiment prêt·e pour ça ? Il faut qu'il voie mon *glow up* ! J'ai 14 ans, pour penser comme ça ? Allez, j'y retourne, je bloque ce narvalo.

Et pour un 7 de Bâtons en surprise, ça donne quoi ?

08 h 00 : On va me proposer de la tarte au citron meringuée, or ce n'est pas le jour du *cheat meal*. Je vais résister victorieusement à la tentation.

20 h 00 : Pas de tarte citron meringuée à l'horizon, mais Émilie m'a proposé de l'accompagner pour faire un jogging. J'ai accepté et j'ai tenu les 30 min de course ! Des poumons bancals, mais un cardio solide.

Lire les cartes de cette manière les rend plus accessibles et un peu moins effrayantes pour de futurs tirages. En les ayant confrontées à des situations du quotidien, on les trouve moins dramatiques, ce qui ne leur enlève pas ce côté diva le moment venu. Mais on a dit *step by step* !

Jeu #4

Père Castor,
raconte-nous une histoire

Le but du jeu ? Tirer les cartes et les interpréter sous forme d'une histoire chronologique.

CONSIGNES

Plutôt que de vouloir scotcher direct des interprétations hyper intelligentes ou spirituelles à chaque lecture, on peut utiliser le traditionnel passé-présent-futur comme outil de création de scénarios hollywoodiens. Non seulement on sera plus attentif·ive·s aux messages derrière ; mais en plus, on trouvera plus facilement l'inspiration pour nos interprétations.

À toi !

POV (*point of view*, descendant du « imagine ») : ces trois cartes tombent, tu dois pondre un épisode de téléréalité. Quelle histoire tu nous racontes, Père Castor ? Observe-les une par une. Commence par la première carte. Décris les éléments, l'action, l'ambiance, etc. Qu'est-ce qui te frappe en premier ? Poursuis avec les autres cartes dans une logique chronologique permettant d'imaginer une histoire.

Passé — Présent — Futur

Ton interprétation :

PASSÉ : ....

PRÉSENT : ....

FUTUR : ....

✷

EXEMPLE

✷

Passé : 2 de Coupes

Brenda a rencontré Brandon sur l'île de la Tentation. Tout semblait les séparer : Brandon voue un culte à Schwarzie et est très cheval sur le fait de trouver le physique « parfait », à la hauteur du sien. Tandis que Brenda n'a que son prénom de superficiel (*no offense*, les Brenda, on vous aime, mais vous êtes un peu nos Kevin à nous. Les Kevin, on vous aime aussi). Elle n'a ni abdos ni prothèses mammaires, et pourtant ses connaissances en fruits et légumes de saison ont réussi à masquer sa pilosité débordante ainsi que ses capitons naturels aux yeux du bel Apollon. Brandon boit les paroles de Brenda, il la trouve séduisante. Tandis que Brenda considère que, finalement, Brandon aurait peut-être un cerveau et le considère comme un candidat sérieux On appelle ça un *match* !

✷ **En bref :** Une rencontre entre deux personnes complètement différentes. Elles s'écoutent et se jaugent pour donner naissance à un binôme prometteur !

✷ **Pourquoi j'ai interprété comme ça :** On voit deux mains tenant chacune une coupe (= émotion/sentiments) et qui se font face. Entre écoute et partage, on imagine que le respect est au rendez-vous. (Au départ, ça te paraît tiré par les cheveux, c'est normal, *take your time*.)

Présent : 2 de Bâtons

Aujourd'hui, Brenda est en pleine interrogation : comment va-t-elle assumer un homme aussi tatillon sur l'apparence physique alors que sa devise est plus ou moins un slogan pour Activia : « Belle à l'intérieur, et ça se voit à l'extérieur. » ? Comment peut-elle envisager cette relation sur le long terme ? Va-t-elle assumer les réveils matinaux et la discipline quasi militaire du bel étalon ? Elle pense déjà aux vannes que son frère lui lâchera aux repas de famille : « Comment va Mister Gonflette ? Tu lui fais combien de biberons de prot par jour ? » S'ils ont des enfants, acceptera-t-il qu'ils soient végétariens, lui qui est pro-protéines ?

✷ **En bref :** La protagoniste a très envie de poursuivre l'aventure mais s'interroge sur la pérennité de cette relation atypique. Elle la joue stratégique, pour projeter le résultat de leur couple éventuel.

✷ **Pourquoi j'ai interprété comme ça :** On voit un personnage ayant deux bâtons/pions (= passion/désir). L'un est planté sur l'échiquier (son envie), l'autre dans une main (sa volonté). Devant lui, un plateau d'échecs (ses perspectives). Le personnage regarde où placer ses pions afin d'avoir une vue d'ensemble de son projet (ici, son couple avec Brandon).

Futur : As de Coupes

Advienne que pourra ! Brenda se décide à offrir son cœur et à vivre pleinement sa relation avec Brandon, qui s'est en fait également posé plein de questions. Va-t-elle accepter de faire du cardio avec lui le dimanche matin ? Acceptera-t-elle qu'il puisse ne pas se radicaliser au véganisme ? Toutes ces questions ont été balayées par quelque chose de plus fort que tout : l'amour ! Les sentiments sont naissants et ne demandent qu'à être vécus à fond. ONE LIFE ! La coupe comme le Saint Graal d'une vie de célibataire endurci. Dans cette situation, on se montre tel·le qu'on est, sans artifices, et on accepte de montrer sa vulnérabilité en toute transparence. Brandon est prêt à avouer qu'il ne mange pas ses cinq fruits et légumes par jour et Brenda qu'elle refusera catégoriquement de porter des leggings (c'est contre son éthique).

* **En bref :** La rencontre et la réflexion auront donné naissance à une nouvelle histoire d'amour.

* **Pourquoi j'ai interprété comme ça :** On voit une coupe en forme de cœur (= émotions/sentiments) qui brille. L'image du Graal vient s'y greffer, comme si c'était un cadeau ou une récompense. Un As, c'est forcément quelque chose qui débute. Donc si on reprend l'équation début (As) + sentiments (Coupes), on peut bien voir la naissance d'une *love story*.

Le jour où tu tomberas nez à nez avec ces cartes, tu repenseras peut-être à l'histoire de Brandon et Brenda. Les interprétations te seront plus familières. De plus, tu verras que, à force de pratiquer, tu réussiras à faire des envolées lyriques dignes d'un Gims au sommet d'une pyramide. En fonction de l'angle d'interprétation des cartes ou de leur emplacement, l'histoire diffère, et c'est ça qui est magique ! Autant de combinaisons de cartes pour un nombre infini d'histoires !

Jeu #5

Secret Story :
il y a toujours deux versions d'une histoire

Le but du jeu ? Confronter deux visions d'une seule et même histoire.

CONSIGNES

Il y a ta version de l'histoire, et celle du tarot. Ce tirage en deux cartes permet de confronter notre point de vue à ce qu'il en est vraiment ! C'est comme si deux potes (= deux cartes) te racontaient chacun leur version de la méga teuf de samedi dernier.

À toi !

Après avoir pris connaissance du contexte, tire deux cartes et interprète-les sous forme de deux histoires possibles. Fais le lien avec celle que la·e consultant·e t'a racontée pour trouver les divergences ou les similitudes. Et enfin, tires-en une conclusion pour l'éclairer et la·e conseiller au mieux.

Contexte : Jo est mécanicien. Une carrière en dents de scie et une absence de vie de couple l'ont poussé à croire qu'il était un *loser*. Sortir avec la secrétaire de son patron, c'était pas l'idée du siècle. C'est la main dans le sac, ou plutôt le slip sur les chevilles, devant la photocopieuse, qu'il a pris la mesure de l'expression *no zob in job*. Cynthia et lui ont été renvoyés sur-le-champ. Il pensait à tort que leur amour résisterait à tout. Cynthia était mariée, avait trois enfants, et a fini dans les bras d'un concessionnaire plus riche qui l'engrossa *illico presto*, laissant le pauvre Jo sur le carreau. Le cœur et la carrière brisés, Jo vient te voir car il a le moral dans les chaussettes. Tu lui proposes de faire le tirage Secret Story pour qu'il reconsidère la situation actuelle, sous un autre angle.

Sa version de l'histoire
7 de Deniers
Observation – Patience – Passivité

L'autre version de l'histoire
8 de Bâtons
Action – Stimulant – Fluide

Ton interprétation :

EXEMPLE

Sa version de l'histoire : 7 de Deniers

Pour toi, Jo, tu fais juste une pause. Après tout, qu'est-ce que c'est, six mois en pyjama, dans une vie ? Un confinement *bis* ? Tu t'attends à ce que les affaires reprennent. Tu t'es beaucoup investi, à la fois au niveau pro et perso. Tu as toujours fait passer le garage avant tes ami·e·s ou même ta famille, sans jamais broncher pour les heures sup (absolument pas payées). Quant à Cynthia, tu as toujours été très gentleman avec elle et tu as pris sur tes deniers et ton temps perso pour prendre soin d'elle, tout en préparant votre futur emménagement (imaginaire : vous n'en avez jamais parlé). Selon toi, forcément, ça va payer. Comment pourrait-il en être autrement ?

* **En bref :** Jo passe sa vie à attendre que ses investissements portent leurs fruits.

* **Pourquoi j'ai interprété comme ça :** Au vu du contexte et de la carte, on peut facilement lire une attitude passive. Jo pense qu'il n'aura qu'à patienter sagement pour obtenir des résultats. Or, il manque quelque peu de proactivité. Dans le 7 de Deniers, pour transformer l'essai, il faut certes de la patience mais, après trois ans d'absence de changement, force est de constater que la situation est stagnante. Situation dans laquelle il a accepté de s'enfermer plutôt que d'embrasser le changement.

L'autre version de l'histoire : 8 de Bâtons

Et si tu reconnaissais que, pour une fois, tu as l'opportunité de réaliser des projets qui te font envie, juste pour ton bon plaisir ? Tu as longtemps espéré une promotion à ton travail, qui ne t'a jamais donné la reconnaissance que tu méritais. Tu te fermes à ce projet de garage indépendant dont tu rêvais et où tu sais que tu auras de la clientèle, puisque ton carnet de commandes dominicales est pris d'assaut cinq mois à l'avance. Là, tu as l'opportunité de te lancer pleinement dans cette activité et, en plus, d'empocher le pognon pour toutes tes heures réalisées. Quant à Cynthia, ça faisait trois ans qu'elle te disait qu'elle allait quitter son mari… Entre le moment où vous avez commencé à fricoter et maintenant, elle a eu le temps de refaire un troisième enfant avec son nouveau mec. Alors que le célibat te tend joyeusement les bras et que tu peux vivre une vie plus simple que tu ne l'aurais jamais eue avec elle.

* **En bref :** À présent, Jo est libre comme l'air. Il peut faire tout ce qui lui plaît.

* **Pourquoi j'ai interprété comme ça :** Contrairement à ce qu'il pense, Jo n'est pas tenu de rester où il est. Il peut bouger et avancer rapidement vers sa nouvelle vie. Et c'est précisément ce que suggère ce 8 de Bâtons plein de vigueur et d'énergie !

En conclusion, Jo, ta situation est riche d'enseignements, puisqu'elle te permet de mettre le doigt sur des projets mort-nés. L'absence de promotion et de considération, tant sur le plan de la carrière que sur le plan sentimental, a tiré la sonnette d'alarme pour te réveiller et te faire reconnaître que tu n'aurais pas pu sortir du statu quo autrement. Accepte cette invitation à aller de l'avant, vers quelque de chose de plus fluide et spontané.

Tarot tips

♥

On serait tenté·e de brosser ce type de profil dans le sens du poil parce que, évidemment, on lui souhaite de sortir la tête de l'eau ! Mais notre rôle est double : savoir écouter avec neutralité et effectuer un tirage le plus objectif possible, pour qu'il puisse appréhender sa situation sous un autre angle.

Jeu #6

Tarot meme :
à chaque carte sa vanne

Le but du jeu ? Créer ses propres memes à partir des cartes du tarot. Le meme est une image, une vidéo ou un gif accompagné d'une légende à caractère humoristique largement diffusé sur la Toile. Il détourne le sens premier, surfe parfois sur un fait d'actualité et est utilisé pour divertir ou pour dénoncer l'absurdité de certaines situations. Le meme est un outil parfait pour porter des messages par le biais de l'humour, voire du sarcasme.

✱

CONSIGNES

✱

Tuto pour créer un tarot meme :

✱ choisir une carte ;

✱ trouver une vanne qu'elle nous inspire ;

✱ écrire la blague la plus percutante et courte possible pour en maximiser l'effet.

À toi !

Quelles cartes utiliserais-tu pour représenter :

✱ Ton humeur quand tu as faim et après avoir mangé ? ....

✱ La façon dont te voient ton voisin, tes ami·e·s, ta famille, ta moitié, tes enfants, ta·ton collègue, etc. ? ....

✱ Les Français vus par la presse internationale ? ....

✱ La première fois que tu as tiré les cartes vs maintenant quand tu tires les cartes ? ....

AMUSE-TOI À EN TROUVER D'AUTRES !

EXEMPLE

4 de Deniers

MON FRÈRE PROTÉGEANT LE DERNIER PITCH DU PLACARD

Décryptage : Si on part du principe que le 4 de Deniers, c'est « garder pour soi », dans le but de se préserver ou parce qu'on est clairement une pince, on peut imaginer cette scène entre frère et sœur qui consiste à protéger son goûter. Quand, toute la journée, on pense à ce qui nous attend dans le placard et qu'on s'aperçoit qu'un·e traître·esse s'est emparé·e de notre butin… Quelle déception ! Ça vaut bien la peine de passer pour un rat.

9 de Deniers *vs* 5 de Deniers

LE 1ER DU MOIS *VS* LE 5 DU MOIS

Décryptage : Deux profils s'opposent. D'un côté, on a le 9 de Deniers dans l'abondance, le confort et l'indépendance. On peut imaginer que ce sont les promesses d'un début de mois florissant lorsqu'on touche sa paie ; on a tout ce qu'il nous faut pour subvenir à nos besoins et se faire plaisir sans l'aide de personne. De l'autre, on a le 5 de Deniers dans le manque, la galère et la dépendance. Ici, on imagine très bien ce qui se passe si on a été plus cigale que fourmi… Un peu de shopping et des grosses soirées arrosées ont vite fait de nous mettre à sec !

Jeu #7

Time's Up tarot

Jeu d'ambiance auquel on joue en soirée.
Le but ? Deviner le maximum de cartes du tarot en un minimum de temps (jeu en équipes).

MATÉRIEL

- 1 jeu de tarot (plutôt un Rider-Waite Smith original, histoire que tout le monde ait la même référence)
- 1 sablier ou 1 minuteur sur ton tél
- 1 feuille de papier
- 1 stylo

CONSIGNES

Étape 1 : constituer deux équipes.

Étape 2 : lancer le minuteur de 30 sec pendant qu'une personne de l'équipe 1 tente de faire deviner à ses coéquipiers un maximum de cartes qu'elle aura piochées dans le temps imparti (faut aller viiiiiiiite).

Étape 3 : noter le nombre de bonnes réponses au fur et à mesure sur un papier.

Étape 4 : faire les comptes.

2 de Coupes

EXEMPLE

* **Manche 1 : Faire deviner en décrivant la carte**
Exemple : Ce sont deux personnes face à face qui s'apprêtent à trinquer.
Tu l'as ?

* **Manche 2 : Utiliser un seul mot pour évoquer la carte** (description ou signification)
Exemple : Rencontre.
Facile…

* **Manche 3 : Mimer la carte !**
Exemple : Faire mine de tourner sa paille avant de trinquer.
Eh oui, c'était l'emblématique 2 de Coupes !

* **Niveau expert :** interdiction de citer l'élément (Coupes, Épées, Bâtons, Deniers).

Entre découverte, humour et partage, tu as de quoi t'amuser pendant un bout de temps, avec ton tarot ! Libre à toi d'imaginer d'autres jeux : Qui est-ce Tarot ?, Une guidance presque parfaite, Tarot Secret Santa, etc. Mais pour l'heure, faisons *level up* ta pratique pour que tu accèdes au rang de *queen* ou de *king* !

Choisir ton jeu
(tarot deck interview)

CHERCHER LA COMPATIBILITÉ POUR DES TIRAGES ENDIABLÉS

Plusieurs critères peuvent être déterminants dans le choix du jeu et ainsi préétablir une compatibilité entre vous deux.

* **Le système :** Tarot de Marseille, Rider-Waite Smith ou Thot, choisis celui que tu étudies, ce sera plus simple pour faire le pont entre tes livres et ton jeu.

* **Le livret (avec ou sans) :** Si le design est spécifique, il peut être intéressant d'avoir la vision de l'auteur·e. Si pas de livret, un bon livre sur le tarot à part et ton imagination feront l'affaire.

* **Le graphisme :** *Old school*, réaliste, cartoon, il y en a pour tous les goûts ! À toi de voir celui auquel tu es la·e plus sensible. Quel trait te touche ?

* **L'oseille :** D'une quinzaine à des centaines d'euros. Même si la tentation est grande, évite les contrefaçons sur les sites chinois qui ne reversent rien aux auteur·e·s.

Tarot deck interview

Tu as trouvé le jeu qui te plaît ? Interviewe-le !
Le but du jeu ? Se présenter et établir un premier contact.
Voici les questions à poser lors du tirage :

correspond à la version courte, pour les débutant·e·s ou les plus pressé·e·s

correspond à la version longue, pour les avancé·e·s ou les ambitieux·ieuses.

1
Qui es-tu ?

2
Quelle est ta force ?

3
Quelle est ta limite ?

4
Qu'as-tu à m'apprendre sur moi ?

5
Quelle est la meilleure façon de travailler ensemble ?

6
À quoi va ressembler notre relation ?

Si un jeu t'inspire autant dans une interview, c'est que c'est probablement le bon ! D'ailleurs, une interview peut varier d'un possesseur à l'autre. Pourquoi ? Parce que nous sommes tou·te·s uniques, pardi ! Un jeu ne nous touche pas tou·te·s de la même façon. Un jeu qui nous ressemble permet aussi de trouver notre patte en tant que *tarot reader*. Oui, on « lit le tarot », comme on lit un livre, pas besoin d'être un·e expert·e. Lis, entraîne-toi et, DE GRÂCE (ancêtre du « wesh »), cultive ta singularité, car c'est elle que tu as à offrir au monde (omg, c'est beau).

Tarot reader interview

Envie de te connaître dans ce rôle ? Interviewe-toi ! Le but du jeu ? S'interviewer par le biais des cartes pour, justement, se connaître davantage en tant que *tarot reader*. Pile dans le mille !

Voici les questions à poser lors du tirage :

3
Quelle est ma vision du tarot ?

2
Quelle est ma force ?

1
Qui suis-je en tant que tarologue ?

4
Que va m'apporter le tarot (ou ce que je vais apporter à l'autre grâce au tarot) ?

5
Comment je travaille avec le tarot (ou avec l'autre) ?

Si tu ne comprends pas tout de suite, note ton tirage et reviens-y plus tard. Tu vas te marrer quand tu seras plus avancé·e !

Faire une
interprétation stylée

Dans cette partie, on monte d'un cran avec un exemple de tirage issu du tarot *starter pack* (voir p. 181). L'objectif est de te montrer comment tu peux te laisser emporter par l'inspiration et comment l'associer à ton esprit de déduction pour des interprétations aussi utiles que stylées.

FAIRE LE POINT SUR SA SITUATION

Tu viens de quitter un poste que tu occupais depuis dix ans, tu étais bien payé·e mais tu t'es rendu compte que tu avais relégué ton fils au second plan... Ayant cédé à la tentation de monter un business en ligne parce que tu es en quête de liberté et que, la réussite, « c'est qu'une question de *mindset* », à M+10, tu t'interroges quant à la pertinence du projet, finalement.

Basic spread

Tirage basique, simple, pour faire le point sur une situation ou obtenir un conseil général.

1. Où j'en suis ? 5 d'Épées (S'affirmer – Défendre son point de vue – Ne pas être d'accord)

Clairement, t'as dit MERDE à un système. C'est sans scrupules que tu as laissé sur le côté ta collègue adorée, Jocelyne. Depuis, elle fait la gueule parce que vous étiez entré·e·s en même temps dans la boîte et que, pour elle, c'était à la vie à la *muerte*. Sauf que métro-boulot-dodo, c'en était trop pour toi ! Tu aspires à la *vida loca* d'influenceuse culinaire, à te péter le bide avec ton fiston dans les plus belles pâtisseries du monde ! OK, Che Guevara, mais c'était y a dix mois, ta démission... Depuis, c'est comment ? T'es bien planqué·e dans ta jungle ? Ou aurais-tu trouvé un nouveau projet qui ne fasse pas l'unanimité ?

2. **Où je vais ? 10 de Bâtons** (Trop à gérer – Entreprise de longue haleine – Périple passionnant bien que fatiguant)

Avant de partir, tu avais une vague idée de ta nouvelle destinée professionnelle. En plus, David Laroche (coach conférencier) t'a surmotivé·e pour devenir cette machine de guerre qui va jusqu'au bout de tous les projets qu'elle décide d'entreprendre. Toutefois, il semblerait que tu prennes conscience de l'ampleur de la tâche qui t'attend… Te décider sur la branche exacte dans laquelle te lancer, gérer un préado, entretenir ton foyer, avoir réponse à tout aux dîners de famille, dealer avec tes émotions, entretenir ta *shape*… Ce programme s'annonce épuisant ! Toi qui aspirais à une vie dont tu serais la·e PATRON·NE, *right now*, tu as comme l'envie qu'on t'apporte au plus vite une chaussette pour éviter de nous faire un *remake* de la vie de Dobby.

3. **Comment j'y vais ? 2 de Bâtons** (Étudier la faisabilité – Réfléchir aux options souhaitées et possibles – Baliser le terrain)

Les deux bâtons de la carte, c'est comme les deux traits du bouton pause. La Fontaine a dit « rien ne sert de courir sans Cheerios » (alors pas vraiment, mais la pub des céréales a bien résumé la fable du lièvre et de la tortue). Même si ton âme révolutionnaire est à l'œuvre, tu vois bien que tu ne mèneras pas à bien ta quête d'une nouvelle vie plus épanouissante sans prendre le temps d'évaluer les possibles qui s'offrent à toi. D'un point de vue plus réaliste : à quoi aspires-tu ? Quel·les sont les opportunités du marché ? Quelles compétences/talents peux-tu offrir ? Un moment de questionnement et probablement de *test and learn* se profile…

4. Quel est le défi à relever ? XVI La Tour (Faire sauter les barrières – Démolir un schéma obsolète – Déconstruire)

Sortir de sa zone de confort ! En finir avec un modèle de fonctionnement familier mais qui ne peut pas s'appliquer à cette nouvelle vie. Bien que tu aies eu un certain nombre de responsabilités par le passé, d'autres dont tu ignorais l'existence vont venir te chercher dans le présent : le *business plan*, l'Urssaf, les algorithmes, etc. Et ce n'est pas en restant planqué·e derrière ton ancienne étiquette que les choses vont se faire toutes seules comme par magie. Libère la·e MacGyver en toi et retrousse-toi les manches pour gérer tout ça ! Il est possible qu'on vienne te proposer de te payer en brioches gratuites ; comment répondre à ça ? La violence n'est pas une option, mais tu as le droit de passer un appel à un ami si vraiment ça te fait monter la moutarde au nez.

5. Qu'est-ce qui va jouer en ma faveur ? 9 de Deniers (Autonomie – Abondance – Sécurité financière)

Tu n'as peut-être pas de Harley-Davidson, mais tu n'as besoin de personne, ça, c'est une évidence. Vivre de sa passion ou monter un business demande des ressources (financières, oui). Sans ça, on sent vite la corde se resserrer autour de son cou ! Mais tu auras tout ce dont tu as besoin pour assurer ton aisance matérielle. Est-ce que ça veut dire qu'un *sugar daddy* va pointer le bout de son nez ? T'excite pas trop non plus ! Ici, on nous parle d'autonomie et d'abondance. Or, l'abondance peut prendre des formes multiples : une cagette de pommes gratos, une aide pour les porteurs de projets avec un chômage prolongé, une formation financée par l'État te permettant d'acquérir des compétences qui t'économiseront la facture d'un comptable… Mais on peut imaginer que tu sauras te rendre service et obtenir ce dont tu as besoin sans grandes difficultés.

6. Quel conseil on peut me donner ?

4 de Coupes (Laisser venir à soi – Méditation – Calme)

Ralentis la cadence et prends le temps de te poser. Au lieu de te concentrer sur ta nouvelle vie et d'y mettre ton énergie, tu as préféré préparer un argumentaire pour l'émission « C'est mon choix ». Sans *vivre* ce choix. Et puis, on voit que tu te laisses déborder par le quotidien et par tes nouvelles responsabilités, or, la priorité étant de mieux définir ton projet, la pause s'impose (*again*, tiens, tiens, parfois, le tarot se répète… On l'a dit, *communication is repetition*. OK, le mieux est l'ennemi du bien, mais commence déjà par juste faire bien. N'essaie pas de te fixer des objectifs trop hauts et laisse-toi surprendre par la vie ! Quand c'est le moment, c'est le moment. Quand ça ne l'est pas, inutile de forcer le destin. Pense à toi, bourré·e à 4 heures du mat, qui veut absolument finir la soirée avec quelqu'un et qui se réveille avec un pangolin dans son lit. Qui force le destin se réveille avec un pangolin.

✱ **Résumé et conclusion :** tu sembles avoir fait le choix d'une nouvelle vie que tu peines à assumer, absorbé·e que tu es par un quotidien un peu trop rempli. Se dégager du temps pour faire le point sur la stratégie à adopter et faire enfin sauter les dernières barrières qui t'empêchent de te lancer pleinement sera ta prochaine mission !

Tarot tips

♥

Conclure sert à condenser l'ensemble des données du tirage et, surtout, à répondre à la question initiale !

HAVE A BREAK (LINZEL)

Félicitations, tu as terminé la première partie de ce livre !
J'espère que le voyage jusqu'ici s'est bien déroulé
et que la tarot *bad bitch* en toi aura eu du fun.
Je te propose une pause *petite musique d'ascenseur*
pour aérer ton esprit et laisser la magie opérer.
Prends le temps de réfléchir à ce que tu as lu et déjà pu expérimenter.

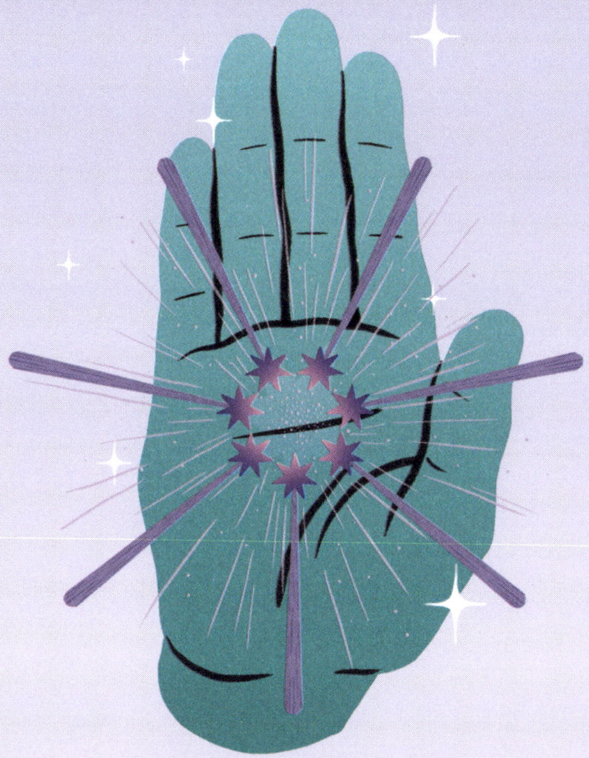

Vous êtes attendu·e page 181 !

✸

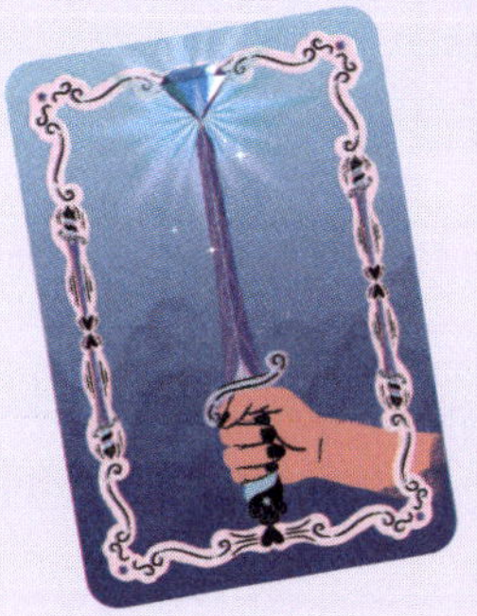

On passe aux tirages.
Pour ça, rendez-vous page 181, au « Starter pack »,
pour te mettre en jambes avec du tout niveau.
La deuxième partie du livre doit te servir
de ressources pour réaliser tes tirages,
pas t'absorber ton optimisme. Kiffe !

Partie II

LA THÉORIE

OK, et après, comment ça fonctionne ?

Reminder : ceci est un point de départ et, comme avec un Monsieur Patate que tu devrais pimper, on te laisse te servir à volonté pour construire ta pratique et l'enrichir par des lectures complémentaires.

Le plus grand des super-pouvoirs : l'écoute

L'histoire que l'on vient raconter au tarologue débute sur une pointe d'incompréhension (car oui, demander un tirage implique que l'on a des doutes sur quelque chose) ; on ne sait pas trop par quel bout l'attraper et la traiter. Le sujet peut être léger ou sembler insurmontable. Dans les deux cas, pour pouvoir poser ce qu'on a sur le cœur, on doit se sentir écouté·e, considéré·e et respecté·e. Car si on raconte courageusement une histoire dont on n'est pas fier·ière, pour laquelle on a peur d'être jugé·e, si on n'est pas écouté·e, c'est le pompon !

Qu'on tire les cartes pour soi ou pour quelqu'un d'autre, l'écoute, c'est la base. Mais à quel moment du tirage intervient-elle, finalement ?

* **Avant :** Recueillir les faits, les interrogations, les peines, les signaux faibles, bref, la totale. On dépose ses bagages sur la table de tirage.

* **Pendant :** Observer les réactions, entendre les *feedback*, jouer au ping-pong pour creuser et poser des questions sur le vif permettant d'en savoir un peu plus.

* **À la fin (après l'interprétation) :** Conclure et proposer des pistes de réflexion pour s'autoquestionner. Souvent, parce qu'on est plus à l'aise, c'est à la fin qu'on se dévoile le plus. Ce moment n'est donc pas à négliger.

L'écoute est verbale et corporelle, et c'est la meilleure compétence que tu puisses offrir. Un savant mélange entre : **empathie / détachement / neutralité**. Qui se souvient d'avoir raconté son horrible journée d'école/de travail à un·e proche en rentrant le soir ? Et de la sensation de soulagement à la fin du déballage ? Pourtant, ce·cette même proche n'a (en général) pas promis de casser la figure du ou de la camarade/patron·ne harceleur·euse. On a juste déposé les valises, on a été écouté·e, peut-être conseillé·e, voire encouragé·e. Satisfait·e, on est reparti·e gonflé·e à bloc. Eh bien, le tirage se déroule dans cet état d'esprit, à la nuance près qu'on pousse l'analyse.

L'art de poser sa question

Avec le tarot, il y a quelques principes à suivre si on veut poser une question efficace, afin que la carte tirée nous apporte les réponses les plus claires possibles.

LA QUESTION OUVERTE : JOUER AU JEU DU « NI OUI NI NON »

Si je te réponds « non, tu vas rencontrer personne », non seulement je risque de te conditionner psychologiquement – « c'est ton destin, tu ne peux rien y changer » –, mais en plus ça ne fait pas avancer le Schmilblik pour provoquer une rencontre. D'où l'intérêt de la question ouverte. Si la question fermée ferme la réponse, la question ouverte l'ouvre (bravo Einstein). Les cartes répondant simplement par « oui » ou « non » n'existant pas (même si ça se discute en p. 68), faisons simple et restons sur ce que le tarot est capable de faire : parler de toi.

LA QUESTION CENTRÉE SUR SOI : UN ÉGOCENTRISME À ASSUMER

Puisque le tarot parle de toi, pas de ta·ton partenaire ou de Shakira, il est plus logique et constructif que la question porte… sur toi. On se responsabilise et on ne rejette pas la faute sur les autres. Ce qu'on veut, c'est avoir des pistes, des axes d'amélioration et des leviers d'action pour enfin obtenir cette vie amoureuse harmonieuse ou cette situation financière idéale. Pas un ticket de loto ou une baguette magique qui résoudrait notre problème d'un coup !

Tarot tips

♥

Une maman qui veut savoir si son môme va réussir en médecine, même si on considère qu'elle ne se pose pas les bonnes questions, a quand même besoin d'être rassurée. Alors on lui file des conseils pour qu'elle vive au mieux la situation et sache quel soutien apporter à son enfant, mais on ne répond pas sur l'hypothétique carrière de son fils de 4 ans.

Voici quelques formules toutes faites pour poser ta question :

* De quoi ai-je besoin pour … ?
* Comment mieux … ?
* Que puis-je … ?
* Pourquoi suis-je … ?
* Quel type de … ?

Questions fermées que tu serais tenté·e de de poser	Questions ouvertes à la formulation optimisée
Est-ce que mon ex va revenir ?	De quoi ai-je besoin dans ma vie sentimentale ?
Vais-je obtenir ce poste ?	Que puis-je mettre en place pour obtenir ce poste ?
Vais-je me réconcilier avec mon ami·e ?	Comment renouer le contact ? Ou qu'ai-je à gagner avec cette réconciliation ?
Quand vais-je me marier ?	**En couple :** En quoi sommes-nous compatibles ? À quoi s'attendre ? **Célibataire :** Quel type de relation me conviendrait et pourquoi ? Comment y accéder ?
Vais-je tomber enceinte ?	VA CHEZ TON GYNÉCO ! Selon les croyances, la·e tarologue a peut-être prêté serment mais pas celui d'Hippocrate !

Coupler les cartes

Lorsque deux cartes sortent ensemble (sur un même emplacement ou pas), on va créer un pont dans l'interprétation pour voir comment elles peuvent se répondre, se compléter ou se confronter afin d'obtenir une seule et même interprétation.

La·e bon·ne élève apprendra les associations de cartes comme il·elle a mémorisé ses verbes irréguliers d'anglais en 5e. On lui tire notre chapeau, parce qu'il faut une sacrée mémoire. Ici, on est dans la *team* flemme-radiateur-du-fond-de-la-classe, et on va essayer de tirer sur des ficelles pour s'en sortir quand on nous appellera au tableau.

LA MÉTHODE ARITHMÉTIQUE DU VOCABULAIRE

On chope les mots clés associés aux cartes et on les additionne pour parvenir à un résultat. On peut essayer différentes combinaisons, jusqu'à trouver la plus parlante et la plus pertinente par rapport à la situation. Puis on brode autour pour bâtir une histoire cohérente.

Par exemple, je tire le Hiérophante et le 5 d'Épées. Les notions associées à chacun sont, respectivement, l'orientation, l'enseignement, la tradition, la transmission, et la défense de ses idées, *mic drop*, le conflit, l'argumentation. Les enseignements couplés au conflit induisent une remise en question.

Orientation ✱
Enseignements ✱
Tradition ✱
Transmission ✱

✱ Défendre ses idées
✱ Mic drop
✱ Conflit
✱ Argumentation

5 d'épées

Enseignements + Conflit
= remise en question

Interprétation possible : Ta mère t'explique comment réaliser un tiramisu de qualité. Ton sens critique t'a amené à remettre en question sa recette impliquant obligatoirement d'utiliser du café. Quand soudain, le « je m'y oppose ! » retentit. En effet, qui a dit qu'un dessert devait forcément inclure un ingrédient qu'on n'aime pas ? Personne. C'est ainsi que tu as remis en question un enseignement sacré : la recette du tiramisu de maman.

LA MÉTHODE DE L'INTERACTION

On ouvre grand ses yeux et ses oreilles pour *stalker* nos cartes. Notre objectif va être d'en observer chaque scène pour en déduire l'interprétation la plus cohérente possible.

Observer

✱ **Posture des personnages** : Est-ce que les personnages se regardent ou se tournent le dos ?

✱ **Décor** : Est-ce la même ambiance ? Les mêmes couleurs ?

✱ **Arcanes majeurs** : On sait que l'arcane majeur aura forcément un message plus fort pour nous, et que l'arcane mineur viendra colorer le thème.

✱ Éléments/suites : en fonction, on saura quels sont les enjeux ou quel type d'énergie mettre dans tel ou tel dossier.

Déduire

✱ Dialogue : Ce qu'elles pourraient se dire autour d'une grenadine.

✱ Enseignement : Qu'est-ce qu'elles ont à apprendre l'une de l'autre ? Les significations habituelles à confronter/compléter.

✱ Convergence – Divergence : Deux cartes d'action vont pousser à l'action, elles sont complémentaires. Une carte active et une carte passive vont s'opposer ou inviter à créer un équilibre. L'une doit-elle prendre l'ascendant sur l'autre ou se tempèrent-elles ?

Exemple

On souhaite un conseil pour réussir sa carrière de tarologue.

Roi de Deniers :
Vouloir optimiser sa carrière de tarologue pour en tirer profit, c'est avoir de la suite dans les idées et récompenser son travail.

XIV La Tempérance :
En revanche, tout monétiser ? N'y aurait-il pas un équilibre à trouver dans ce qu'on peut réellement commercia-liser ou non ?

Conclusion : C'est une invitation soit à remettre les pieds sur terre en dosant ses élans de *trader*, soit, ironiquement, à mettre un peu plus de spiritualité dans tout ça.

Lire à l'envers ?

Quand on retourne les cartes, on s'attend à ce qu'elles tombent à l'endroit, mais il arrive qu'elles tombent à l'envers – l'image est alors inversée ! Il y a celles·ceux qui utilisent aisément cette donnée, et d'autres qui trouvent ça trop compliqué à prendre en compte, voire inutile. Avec 78 cartes et toutes les combinaisons possibles, pourquoi s'en rajouter ? Néanmoins, voici quelques tips pour avoir des angles d'interprétation de cartes à l'envers.

✷

LE TRUC QUI CLOCHE – LE BLOCAGE – LE PROBLÈME

✷

Lire l'inverse de la signification de base

XI La Justice :
À l'endroit =
respecter ses valeurs

✷

À l'envers =
trahir ses valeurs

Roi de Coupes :
À l'endroit =
self control

✷

À l'envers =
perdre son sang-froid

L'EXCÈS OU LE MANQUE

C'est le trop ou le pas assez dans l'énergie de la carte

3 de Deniers :
À l'endroit = collaborer

À l'envers
En excès = avoir du mal à mettre la main à la pâte
En manque = faire tout tout·e seul·e et ne pas inclure suffisamment les autres

LE RETARD

C'est sur le point d'arriver, il manque ce je-ne-sais-quoi à trouver/débloquer.

Méthodes de tirage

Sans transition aucune, réalise l'interprétation de ce tirage pour comprendre l'utilité de se reposer sur une méthode.

À toi !

Interprète ce tirage

3 de Bâtons

8 de Deniers

As d'Épées

Roi de Coupes

C'est dur ? Après, ça dépend, si tu te sens l'âme de freestyler, c'est du petit-lait ! Voici ce qu'il te manque pour être plus à l'aise :

* **Le contexte** : Très souvent, je me sens submergé·e par mes émotions et on me le reproche à mon travail.

* **La question** : Comment gérer mon hypersensibilité et en faire une force en entreprise ?
Une fois qu'on a notre question, il s'agira de choisir sa stratégie de tirage.

* **La stratégie de tirage utilisée :**
    1. Quelle force tirer de mon hypersensibilité ? 3 de Bâtons
    2. À quel moment je me sens perdre le contrôle ? 8 de Deniers
    3. Que faire dans ce cas ? As d'Épées
    4. Quel résultat espérer ? Roi de Coupes

QU'EST-CE QU'UN MODÈLE DE TIRAGE ?

* **Synonymes :** Stratégie de tirage, étalement, *spread*.

* **Définition :** Ce sont des emplacements déterminés à l'avance qui permettent de donner un contexte d'interprétation aux cartes. C'est-à-dire où on pose les cartes et comment on les interprète.

Voici plusieurs méthodes de tirage.

LE PLUS DIRECT : TIRAGE À UNE CARTE

Pas le temps de niaiser, on pose sa question et on attend du tarot une réponse en une seule et unique carte. Ça peut être un conseil, un mood, *whatever*.

* **Question :** J'ai un entretien, quelle qualité pourrait faire mouche auprès du ou de la recruteur·euse ?

* **Réponse :** X La Roue de Fortune : Ma capacité à rebondir aisément quelle que soit la situation et à prendre les bonnes décisions en temps voulu.

* **Déduction :** Ça tombe bien, ce poste d'assistant·e de direction demande beaucoup d'adaptabilité et de devoir garder son sang-froid en cas de pénurie de café le lundi à 9 heures. Il faudra réagir vite et savoir ménager l'équipe pour que sa semaine démarre bien malgré tout.

LE PICARD : TIRAGE TOUT FAIT

Il en existe pour toutes les problématiques. On peut piocher dedans facilement quand on est pressé·e ou pas inspiré·e *(pour des tirages prêts à l'emploi, rendez-vous p. 186)*.

LE SUR-MESURE : LE TIRAGE CRÉÉ POUR L'OCCASION

L'option du sur-mesure est vraiment de loin la plus personnalisée qui soit, puisqu'on construit son tirage d'après la question.

1. Décortiquer la question
On la dissèque afin d'obtenir des infos sur la situation. Dans sa formulation, on décèle l'ambiance et les enjeux.

« JPP de ma procrastination, comment en sortir ? »

- JPP → Individu au BDR
- de ma procrastination → Le problème
- comment en sortir ? → Le souhait, la propal d'action

2. Cogiter pour récupérer toutes les pièces du puzzle
Notre but étant d'obtenir un maximum d'informations grâce au tirage, il s'agit de poser les bonnes questions (emplacements) au tarot. À cette étape, on peut se permettre de faire plusieurs propositions. Liste non exhaustive pour notre exemple :

* Blocage
* D'où ça vient ?
* Pourquoi ?
* La peur éventuelle
* Quel impact ce comportement a sur ma vie ?
* Mes attentes par rapport à ce que j'évite ?
* Que prioriser ?
* Comment m'organiser ?
* Comment reprendre confiance ?

3. Sélectionner les emplacements retenus parmi ceux mis en exergue durant la phase de réflexion.

Maintenant, on fait du tri pour ne garder que les emplacements utiles pour comprendre le problème, le désamorcer et être encouragé·e. Ici, ceux qui semblent les plus pertinents :

* 1. La peur éventuelle
* 2. Mes attentes par rapport à ce que j'évite ?
* 3. Que prioriser ?

4. Tirer les cartes et les poser aux emplacements prévus à cet effet

5. Interpréter

Tarot tips

♥

Le format du tirage suit une logique dans sa forme. Exemples : mettre les cartes qui concernent tel ou tel sujet au même endroit, poser une carte de travers sur une autre pour représenter un blocage, etc.

LA CATÉGORIE FREESTYLE : TIRAGE À L'IMPROVISATION

La roue libre

On tire plusieurs cartes d'un coup, signe de croix, et on interprète comme ça vient. Dans l'immédiat, ce n'est pas celui qu'on conseillera car il demande de l'expérience… C'est un tirage dans lequel on tire les cartes sans emplacement spécifique. Il s'interprète principalement à l'inspiration. Alors, forcément, d'un·e interprète à un·e autre, c'est un Meaux-Cap d'Agde en trottinette. Donc si tu te le tentes, assure-toi d'être à l'aise en impro !

Le fur et à mesure

On tire une carte pour répondre à une question, on l'interprète puis on en tire une autre qu'on interprète, et ainsi de suite. Soit tu racontes une histoire, soit tu poses des questions au fur et à mesure. Petit risque de faire des redites, de brouiller les informations et de passer à côté de la question mais, une fois entraîné·e, *why not* ?

Tarot tips

♥

Savoir pourquoi (question claire) on tire et comment (stratégie de tirage).
Pour une stratégie de tirage efficace :
un emplacement déterminé/par carte = un contexte d'interprétation pour la carte.

Florilège de tips

Condensé de hacks utiles pour répondre à une question fermée, dater, interpréter en positif une carte a priori négative ou encore savoir quand interpréter une carte sauteuse ou quand recouvrir une carte incompréhensible.

TIRAGE OUI-NON

Dans la mesure où il n'y a pas de cartes avec écrit « oui » ou « non », ça risque d'être compliqué de proposer un tirage 100 % formel à ce propos. Depuis le début, tu vois que le tarot permet de répondre de façon détaillée à des problématiques, voire de t'en amener d'autres t'aidant à avancer sur ton cheminement personnel. Et quel est l'intérêt de te répondre « oui » si c'est pour que tu relâches tes efforts, au risque de tout faire foirer ? Répondre juste par un « oui » ou un « non » serait un peu réducteur, mais si t'es prêt·e à te creuser les méninges, exerçons-nous !

1 carte = 1 tendance plutôt oui // plutôt non + 1 conseil/action

Exemple :
Est-ce que je vais avoir mon examen ?

Ni oui-ni non

Ça dépend de toi, si tu continues à suivre l'affaire en dilettante, il ne faudra t'en prendre qu'à toi-même…

Oui

Ton engagement sera récompensé, poursuis tes efforts et continue les révisions.

Non

Après avoir séché la SVT pour passer directement aux travaux pratiques avec ta meuf ou ton mec… Clairement, c'est mal engagé. Mais rien n'est jamais perdu. Remotive-toi, concentre-toi sur un sujet à la fois et prie pour être interrogé·e sur le système reproductif.

Donner un « oui » ou un « non » franc, c'est se tirer une balle dans le pied. Le but est davantage porté sur la leçon à tirer et l'action à engager pour obtenir une réponse positive.

Tarot tips

♥

« Et si j'arrive pas à interpréter, je fais quoi ? » Prends des notes du tirage.
Laisse de côté, histoire de laisser infuser. Reviens dessus plus tard.
Toujours rien ? Partage ⟶ potes ⟶ réseaux ⟶ ateliers.
Et au pire, c'est que ce tirage ne te parle pas, c'est pas grave. *Tentation is back* : se poser à nouveau la même question *(voir p. 23)*.

RECOUVRIR UNE CARTE

Quand Cristina Cordula affirmera qu'une tenue n'est complète que s'il y a des accessoires, ici, on partira du principe que trop d'accessoires peuvent tuer un look. Il arrive qu'on tombe sur une carte qui ne nous parle pas. Le réflexe est de retourner dans tous les sens les significations possibles. Mais si force est de constater que notre intuition a foutu le camp, on pioche une autre carte, qu'on retourne sur l'incomprise, comme un + 4 inattendu au Uno *(légère obsession, j'adore le Uno)*. Dans certains cas, ça nous donnera l'avantage sur le jeu, et la première carte prendra tout son sens. Tandis que, dans d'autres, elle nous plongera dans l'obligation « tentationnelle » de piocher à nouveau et de nous retrouver avec un tirage devenu trop confus pour nous permettre d'atteindre une interprétation.

Cependant, reconnaissons que recouvrir peut avoir son utilité si :

* tu tires une carte après l'autre en mode conteuse d'histoires. Ça suit une logique ;

* tu te fais troller par le tarot. Si la carte te dit la même chose que l'action souhaitée dans la question, au lieu d'y répondre, à l'emplacement prévu.

Exemple : Comment passer à autre chose ?

« Tourne la page ! » Sans blague ?

« Libère-toi du passé. » Jure !

Traduction : passe à autre chose

Sortir des schémas répétitifs, prendre des décisions en conséquence.	Brûler les photos, se séparer de tout ce qui me rappelle cette personne !

En somme, tente l'interprétation mais, si tu en ressens le besoin, autorisation accordée ! Recouvre (avec modération). Utilise alors la méthode de couplage des cartes pour ce faire (voir p. 60).

LA CARTE KAMIKAZE : CELLE QUI SAUTE DU PAQUET

C'est cette carte qui bondit inopinément du paquet et fait toujours son petit effet, comme un·e acrobate au cirque : on ne sait jamais quand la pirouette surgira, bien qu'on se doute que les probabilités sont grandes qu'elle arrive. Tu peux décider d'y prêter attention ou pas.

Ainsi, tu peux considérer que cette carte souhaite attirer ton attention sur un sujet en particulier. Soit elle va te résumer l'ensemble de la situation, soit ton jeu a le mal de mer et il te dit : « T'as assez mélangé, tire-moi, bon sang de bois ! » *(Un peu bizarre, les jeux, parfois.)* Tu verras que certain·e·s usent et abusent un peu de cet effet WOW. Ne te laisse pas impressionner, c'est truqué.

DATER

Notre but est de se préparer au futur, pas de le prédire. Il n'y a pas de cartes « juillet », « lundi », « dans trois jours », « dans 2 heures », etc. Dater, c'est donc plutôt pour le mode divinatoire. Pas trop notre délire ici, comme t'as vu, mais on peut te proposer une technique que tu pourras aisément reproduire ou pimper.

Vu qu'on n'a pas de calendrier dans le jeu, autant l'amener dans le tirage avec des emplacements déjà datés :

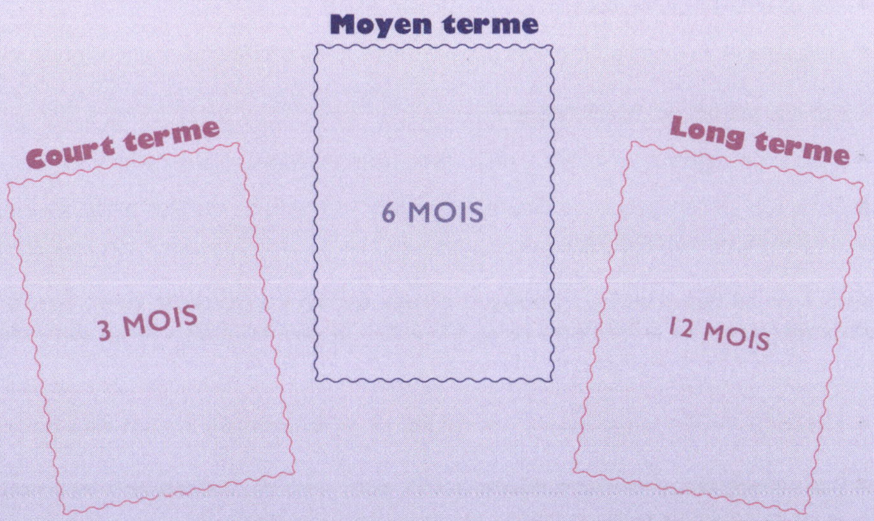

✷

TROUVER DU POSITIF DANS LE NÉGATIF

✷

On ne va pas se mentir : quand on tombe sur une carte négative sur un emplacement censé être positif, on peut être vite décontenancé·e ! À quelle heure dois-je considérer que le 3 d'Épées ou le 10 de Bâtons ont forcément des messages positifs à nous transmettre ? Voici quelques hacks faciles pour ne pas se laisser impressionner et caresser le vent de l'optimisme.

Exemple à 1 carte
Est-ce que cette amitié est sincère ?

7 d'Épées (Discrétion – Mensonge – Subterfuge)

On voit un personnage qui semble jouer double jeu et avoir des secrets. À première vue, on a bien envie de dire : « **Ça bitche sûrement sur toi quand t'as le dos tourné.** » C'est le genre de pote qui ne te dira jamais si tes fringues te boudinent ou qui fait style d'être ami·e avec toi pour finalement raconter tous tes secrets à ses autres potes qui te détestent…

Et si la carte tombe à un emplacement dit « positif » ?
Quelles interprétations sont possibles ?

Ce qui est positif dans cette situation ?

* Secret bien gardé, ne dévoile pas tes rituels beauté
* Éloignement, ton ami·e ne prend pas part mais a les oreilles qui traînent pour toi

Ce qui va jouer en ma faveur ?

* Discrétion, applique le dicton « pour vivre heureux·euses, vivons caché·e·s »
* Ruse, ton ami·e « prêche le faux pour obtenir le vrai », ou est plus malin·ligne que les autres, tout simplement

Derrière, on en déduit qu'il y a **quelque chose qu'on va pouvoir tirer à notre avantage** ou qui va servir notre cause. On a aussi la possibilité d'y voir un autre sens, comme si on lisait la signification à l'envers :

* Mensonge révélé, ta·ton meuf·ec te trompe et se fait prendre la main dans le sac
* Repentance, ce·tte dernier·ère balance tout pour soulager sa conscience et pouvoir jouer carte sur table en mettant ton ami·e dans la confidence

En résumé

♣

1. Trouver du positif dans les significations usuelles (pour commencer, choisis trois mots)
2. Dire le strict contraire de la signification usuelle
(exemple : le contraire de « petit », c'est « grand »)
3. Conclure sur la signification la plus pertinente dans le cadre du tirage

Tuto second degré :
comment s'approprier une interprétation ?

Tu t'apprêtes à entrer dans l'univers impitoyable des mots clés et autres interprétations des cartes. Sur le papier, ça a l'air super facile et clair. Mais une fois face à ton tirage, tu as l'impression que ça ne veut plus rien dire. La·e bon·ne élève en toi veut faire coller son interprétation avec ce qu'il y a écrit dans le livre. En plus, ici, tu vas être servi·e : les propals sont toutes plus colorées les unes que les autres, pas facile de savoir si c'est du lard ou du cochon. C'est volontaire puisque, je te le rappelle, rafraîchir le patrimoine tarologique, piquer ta curiosité et te faire réfléchir par toi-même, voici l'ambition de ce guide d'infiltration qui n'est pas une bible du tarot.

QUE FAIRE QUAND LES PROPOSITIONS DE SIGNIFICATION NE COLLENT PAS À MON TIRAGE ?

Il arrive qu'on ne réussisse pas à se projeter dans la signification d'une carte parce qu'elle parle d'amour alors qu'on est sur un tirage professionnel, par exemple. Est-ce que ça signifie qu'il faut conseiller de coucher avec son patron pour réaliser la prophétie des cartes ? On va éviter, si tu veux bien.

Exemple

L'As de Coupes (Amour – Pureté – Don) tombe comme conseil dans ton nouveau poste. À moins de faire de l'humanitaire, le tarot n'est pas en train de te demander de te transformer en Mère Teresa. En revanche, à partir de ces trois mots clés, comment peux-tu créer une interprétation pertinente ? En trouvant des équivalences : Amour ⟶ Amitié // Pureté ⟶ Sans filtre // Don ⟶ Ouverture. Étant donné ta récente prise de poste et cet As de Coupes chaleureux, on peut en déduire qu'une posture d'ouverture t'est recommandée. C'est le bon moment pour se montrer avenant·e et disposé·e à l'échange. Ça veut aussi dire montrer ta personnalité afin qu'on puisse te percevoir sans filtre.

À force de pratique, les connexions se feront automatiquement. Pour débuter, tu peux écrire les termes de ce que tu es parvenu·e à déduire sur ton cahier et trouver des synonymes qui pourraient coller au contexte de ton tirage.

QUE FAIRE QUAND LES SIGNIFICATIONS SONT PROCHES ? COMMENT FAIRE LA DIFFÉRENCE ENTRE LES CARTES ?

Certaines interprétations semblent identiques, car elles sont associées aux mêmes mots clés, et on peut s'emmêler les pinceaux. Pourtant, chaque carte a bien sa propre signification. On sait par exemple que les arcanes majeurs sont basés sur la numérologie et traitent de gros sujets en lien avec notre développement personnel, tandis que les arcanes mineurs sont basés à la fois sur la numérologie et les quatre domaines/éléments (Bâtons, Coupes, Épées, Deniers), soit autant de combinaisons possibles d'interprétation. Les numérales traitent des sujets du quotidien, et les personnages de cour de nos comportements au quotidien.

Exemple

L'éloignement et la prise de hauteur sont des aspects communs au 6 d'Épées et au 8 de Coupes. Pourtant, elles ne prennent pas la même forme sur deux aspects : la numérologie et l'élément. Le 6 d'Épées nous poussera à nous protéger mentalement. Il s'éloigne pour avancer autrement. Tandis que le 8 de Coupes nous invitera à être plus réceptif·ive vis-à-vis de nos propres émotions. Il s'éloigne pour se retrouver. L'un part pour voir si ses idées marcheront ailleurs, alors que l'autre s'éloigne pour se rapprocher de lui-même.

6 d'Épées

8 de Coupes

Arcanes majeurs

Comme on l'a vu précédemment, le tarot nous ouvre les portes d'un cheminement psychologique, rendu possible par l'évolution des arcanes majeurs. Il attire notre attention sur nos zones d'ombre, révèle notre lumière (nos forces), et son pouvoir est de nous mettre face à nos propres limitations pour nous en affranchir.

Pour chaque arcane majeur, tu trouveras une explication de texte afin de comprendre l'idée générale de la carte ; une section « Personnalité » pour visualiser à qui tu peux avoir affaire ; plusieurs mots clés dans leur polarité positive et négative, accompagnés d'exemples pour illustrer le propos ; des conseils pour passer à l'action ; une punchline pour briller en société (ou juste te faire réfléchir, ma biche).

HAAAAAAA
AAAHAA
HAAAAAA
Le Fou

Impulsion Départ Audace

C'est l'alpha et l'oméga, le commencement et la fin. On se lance dans une nouvelle aventure, celle de soi. C'est ce moment précis où on va te lâcher un « ma·mon chéri·e, t'es à contresens », alors que c'est bien la quête de sens qui t'anime. On rassemble son courage et on accepte de capitaliser sur son expérience et sa non-expérience parce que, après tout, ONE LIFE ! Pour certain·e·s, c'est le 0, car il lance le cycle des arcanes majeurs, tandis que, pour d'autres, c'est le 22, parce qu'il le clôture.

Personnalité

Cette personne qui t'annonce qu'elle part au Tibet pour développer sa spiritualité, celle qui va lancer son business alors qu'elle est en CDI depuis à peu près toujours ou encore celle qui fonce demander le numéro du beau brun ténébreux au bar. Le fou est inspirant, plein de courage, et on peut lui envier sa folie car peu ont son cran. Certain·e·s ne le prendront pas au sérieux, mais son audace est inégalable et lui permet de réaliser l'impensable.

Les PLUS

ÉLAN, le mec qui te pousse du haut de la falaise quand tu sautes à l'élastique
AVENTURE, Frodon Sacquet qui part de la Comté pour détruire l'anneau
NOUVEAUTÉ, la mode du kilt chez les Écossais, incompris mais avant-gardistes
MOTIVATION, la copine qui t'embarque avec elle à la salle de sport
NE DOUTE DE RIEN, la *self-confidence* des petits chiens face aux plus gros

Les MOINS

IMPRÉVISIBILITÉ, à n'importe quel moment il te fait une dinguerie
IMMATURITÉ, ton frère qui te propose de refaire l'étanchéité de la salle de bains pour créer une piscine
IMPULSIVITÉ, réaction possible à côté d'une famille bruyante dans un TGV
IRRATIONALITÉ, te dit « oui » le lundi, « non » le mercredi et « débrouille-toi » le dimanche
ÉLECTRON LIBRE, l'indomptable qui n'en fait qu'à sa tête

Conseils

AMOUR

- ♥ *One life*
- ♥ Fonce
- ♥ Jette-toi à l'eau, fais le premier pas
- ♥ Mets plus de légèreté dans ta relation
- ♥ Tape la fuite (oui, à voir selon le contexte)

TRAVAIL

- ♣ Propose quelque chose de nouveau
- ♣ Prends des risques
- ♣ Ne prends pas les choses personnellement
- ♣ Fonce sur cette opportunité
- ♣ Casse-toi de là (oui, à voir selon le contexte)

GÉNÉRAL

- ✦ Ose
- ✦ Appuie sur le bouton *start*
- ✦ Moque-toi du regard des autres
- ✦ *Think out of the box*
- ✦ *Think different, be different*

Punchline

« L'audace, c'est comme les pâtes, plus t'attends, plus c'est cuit. »

I
Le Magicien

Volonté Dégourdi Multi-potentiel

C'est le « ACTION » qu'on lâche en tant que réalisateur·rice de notre vie. Le texte n'est pas su par cœur, mais l'improvisation nous suffira pour incarner notre propre rôle. Le geste est approximatif, mais la parole est habile car la volonté indéfectible, ce qui rend le tout crédible. Cette mise en mouvement perfectible permettra passer de projet à réalité. Quel que soit son niveau, le Magicien n'a que faire de l'expertise, son objectif est ailleurs : être soi par tous les moyens.

Personnalité

MacGyver en cuisine qui, avec trois bouts de ficelle, te fait la rue Michel, celui qui improvise sur un sujet qu'il ne connaît pas mais qui s'en sort grâce à sa tchatche, ou encore ta sœur qui t'organise une fête d'anniversaire avec peu de moyens mais beaucoup d'imagination. Le magicien est touche à tout, il sait causer et il a ce je-ne-sais-quoi qui rend une soirée incroyable.

~ Les PLUS ~

FUTÉ, percute parce que l'action est au cœur de la compréhension

MISE EN APPLICATION, ce livre ! La pratique qui ne rougit pas devant la théorie

MULTIPOTENTIEL, coiffeur le jour et gogo danseur la nuit

BONNE COMMUNICATION, des paroles qui transportent à la Gilbert Montagné

MAGIE, créateur d'alchimie à faire pâlir Panoramix

~ Les MOINS ~

DISPERSION, papillonne sans se fixer nulle part

MAGOUILLE, un comptable peu scrupuleux mais qui rend bien service

MANQUE DE VOLONTÉ, la flemme d'approfondir un sujet

TROUVE DES EXCUSES, va noyer le poisson plutôt que d'avouer son manque d'assiduité

PEU FIABLE, préfère rester en surface plutôt que de se noyer dans un verre d'eau

Conseils

AMOUR

- ♥ Communique, montre que t'es motivé·e
- ♥ Montre que tu peux être fun, fais-la·e rire
- ♥ Entre dans le concret, organise un *date* digne de ce nom
- ♥ Expose ce que tu as à proposer dans cette relation
- ♥ Teste et vois si ça te plaît

TRAVAIL

- ♣ Montre ton travail, fais-en la démonstration
- ♣ Aie un coup d'avance sur les autres
- ♣ Deviens la·e porte-parole de ton service
- ♣ Touche à tout, intéresse-toi aux autres car tu as à apprendre d'eux
- ♣ Teste d'autres outils

GÉNÉRAL

- ✦ Plus d'excuses, agis
- ✦ Commence par ce que tu as sous la main
- ✦ Prends des initiatives
- ✦ Un objectif à la fois
- ✦ Parle français (pas chinois, quoi)

Punchline

« L'ingrédient secret de la potion magique : toi. »

II
La Grande
Prêtresse

Secret Connaissance L'inconscient

C'est le « shhhhhh » qui soit interpelle, soit demande de se taire. Agir sans étudier, c'est prendre le risque d'avoir le même destin qu'un hamster affolé. Pour prendre conscience de ce qu'on ignore encore, on passera par la case « étude de soi ». Les enseignements ésotériques feront de nous des initié·e·s. Couplés à une bonne connexion, ils nous permettront d'accéder à ce qu'il y a de plus sacré en nous. Un peu de réflexion et d'intuition aideront. Encore faut-il savoir où chercher et regarder dans la bonne direction.

Personnalité

Un rat de bibliothèque, une intuitive qui identifie en silence les *red flags* ou encore une geek capable de hacker n'importe quel logiciel, la Grande Prêtresse connaît nos aspirations les plus profondes et peut nous accompagner jusqu'à l'entrée du labyrinthe de notre inconscient. Pour ça, il faudra se donner la peine de l'étudier, et ça commence par se poser les bonnes questions.

~ Les PLUS ~

SAIT TOUT, même le pharmacien est choqué
DISCRÉTION, emporte tes secrets dans la tombe
INTUITION, sait lire entre les lignes des conditions générales de vente
MÉMOIRE D'ÉLÉPHANT, aussi efficace que Facebook pour se souvenir des anniversaires
ÉSOTÉRISME, ne parle pas mais chacune de ses actions a une signification

~ Les MOINS ~

FROIDE, mutisme des sentiments
NON-DITS, une rétention d'informations gênante
INTROVERSION, la même aisance que Paul Mirabel
PERCHÉE, un peu trop connectée au subtil pour avoir les pieds sur terre
LA FEMME CACHÉE, le deuxième bureau de monsieur

Conseils

AMOUR

- ♥ Observe et prends des notes
- ♥ Reste stoïque
- ♥ Suis ton intuition
- ♥ Garde ta culotte/ton caleçon
- ♥ Mets-toi en *mute*

TRAVAIL

- ♣ Laisse traîner tes oreilles
- ♣ Forme-toi par toi-même
- ♣ Ne rationalise pas trop, suis ta première idée
- ♣ Rappelle-toi une conversation
- ♣ Quoi qu'il arrive, ne dis rien

GÉNÉRAL

- ✦ Garde ça pour toi
- ✦ Pose-toi les bonnes questions
- ✦ Sois plus philosophe/spirituel·le
- ✦ Médite là-dessus
- ✦ Instruis-toi, choisis tes lectures avec soin

Punchline

« Quand tu sais, t'en fais pas des caisses. »

III
My Baby Drag
L'Impératrice

Créativité *Extravaganza* Féminin

C'est le « ma chérie, tu es magnifaïk ! ». Une *queen* en est une parce qu'elle a des idées fulgurantes et opulentes. Son potentiel créateur est illimité. Quelle que soit sa création, c'est avec générosité et amour qu'elle la traite. Porter un projet, un enfant, une cause, peu importe. Son but est de donner vie à ce qu'elle a en elle : son propre génie. On a tous quelque chose à exprimer et à créer pour être partagé. D'ailleurs, plus l'amour est partagé, plus il se multiplie et meilleur·e·s il nous rend.

Personnalité

Un·e artiste prolifique, cette maman poule hyper protectrice qui redoublera de fantaisie pour préparer des goûters de princesse ou encore cette nana aux routines beauté incroyables (et interminables). L'Impératrice est fabuleuse mais peut avoir tendance à un peu trop se disperser pour l'amour de la création. Atout charme dans un brainstorming : elle n'est jamais à court d'inspiration.

Les PLUS

ÉLÉGANCE, tant dans l'outfit que dans l'état d'esprit
GÉNÉROSITÉ, l'amour, plus tu le partages, plus tu en reçois
PÉPINIÈRE D'ENTREPRISES, ça bouillonne de bonnes idées
PROJET, faire maturer des idées, c'est bien, LA bonne idée, c'est mieux
RESPECT DE LA NATURE, parce que la vie, c'est *smoothie*

Les MOINS

ÉPARPILLEMENT, même Waze refuse de l'orienter
PROCRASTINATION, a toujours une bonne excuse pour ne pas aller au bout de son idée
NÉGLIGENCE, a la ligue des minimalistes sur le dos
GOURMANDISE, veut le chou, la crème et la boulangère
ÉGOCENTRISME, un peu trop *queen* sur les bords

Conseils

AMOUR

- Laisse-toi charmer
- Sois inventif·ive dans ta séduction (coquetterie recommandée)
- Aime
- Accepte le cinq-à-sept
- Écoute ton corps

TRAVAIL

- Brainstorme
- Joue la carte de la créativité
- Soigne la présentation
- Sois là où on ne t'attend pas
- Kiffe ton quotidien

GÉNÉRAL

- Trouve l'inspiration
- Partage
- Fais-toi plaisir
- Mets du mascara
- Agis comme une *queen*, la dignité en prime

Punchline

« Un ovule, ça peut créer la vie, mais c'est aussi un répulsif à MST. »

L'Empereur

Autorité
Limites
Discipline

C'est le Code civil qui nous met sur le droit chemin. Les règles, c'est pas fun, mais sans structure établie, on finirait dans *Walking Dead*. Une vision claire et une raison bien placée confèrent une autorité naturelle. Certain·e·s parlent de « limites », d'autres de « respect du territoire ». Dans les deux cas, on est ancré·e·s, stables, et on s'offre un cadre propice à la réalisation de nos projets. La discipline nous permet de grandir et fait de nous des adultes responsables.

Personnalité

Un expert-comptable qui te fait respecter la loi, un papa qui t'annonce que tu ne pourras pas t'habiller en licorne toute ta vie ou encore ce piéton qui respecte scrupuleusement les feux de signalisation. L'Empereur est strict, dur en affaires et parfois pas très commode. Incorruptible, on peut compter dessus en cas de galère, donc on lui pardonnera sa rigidité et ses footings dominicaux.

~ Les PLUS ~

STRUCTURE SÉCURISANTE, pour un épanouissement cadré
AUTORITÉ, les flics que tu bénis à 3 heures du mat dans une ruelle sombre
SÉRIEUX, un adulte responsable à qui on a envie de confier notre déclaration d'impôts
MA·PATRIARCHE, la figure d'autorité référente de la famille
ORGANISATION, carré dans l'axe

~ Les MOINS ~

PSYCHORIGIDE, cinq fruits et légumes par jour, TOUS LES JOURS
INTRANSIGEANCE, ne signe rien sans lire toutes les CGV
RANCUNE, note tes moindres faux pas pour avoir des cartouches à dégainer
HERMÉTIQUE, les blagues Carambar sont en dépression
TYRANNIQUE, fait sa loi, en mode mâle alpha

Conseils

AMOUR

- ♥ Expose tes règles
- ♥ Respecte tes standards, sois plus exigeant·e
- ♥ Montre-toi moins accessible
- ♥ Fais-toi respecter
- ♥ Utilise ton cerveau plus que le reste

TRAVAIL

- ♣ Recadre le brief mais ne lâche rien dans ta négo
- ♣ Montre-toi comme une figure de référence (faut bosser, pour ça)
- ♣ Sois irréprochable
- ♣ Pose un cadre qui sert tes ambitions
- ♣ Prends tes responsabilités

GÉNÉRAL

- ✦ Conforme-toi au règlement
- ✦ Pose tes limites/conditions
- ✦ Sois l'adulte de la bande
- ✦ Fais un planning de tes routines
- ✦ Ne bouge pas

Punchline

« Pour éviter de tourner en rond, rien de mieux qu'une règle pour filer droit. »

Le Hiérophante

Tradition Sacré Transmission

C'est pas sorcier, c'est juste un peu long à expliquer. Mais ça vaut le coup d'écouter pour donner une dimension plus spirituelle au monde et s'y intégrer. Éveiller la conscience en reprenant les bases d'une tradition quelle qu'elle soit. Donner les clés de la connaissance à la génération suivante pour qu'elle puisse continuer à prendre en main des sujets qui élèveront la vibration de la Terre. Transmettre, c'est perpétuer un enseignement. Reçois les clés d'une voie qui te permettra de te trouver.

Personnalité

Un prof d'histoire hyper investi qui vient déguisé en Jules César pour son cours sur la Rome antique, un banquier qui peut décider de t'accorder ou non ton crédit ou encore un gourou. Le Hiérophante aura toujours à cœur de transmettre et sera respecté pour son savoir. Toutefois, attention aux dérives que ça peut occasionner… Comme dirait ma mère : « Si Sarah saute d'un pont, tu vas sauter avec elle ? »

Les PLUS

PUITS DE CONNAISSANCE, plus fort qu'Akinator
ENSEIGNEMENT, un cursus qui permet de t'élever
RÉFÉRENCE, même la·e plus fort·e des plus fort·e·s le consulte
PÉDAGOGIE, t'explique et te donne toutes les cartes pour réussir
VALIDATION, fait la pluie et le beau temps dans le milieu

Les MOINS

CONSERVATEUR, à cheval sur les traditions, « le lait toujours avant les céréales »
DONNEUR DE LEÇONS, un Monsieur Je-sais-tout
GOUROU, un microslip, une salle à 40 °C, des tapis de yoga et ça nous donne Bikram Choudhury
DOGMATIQUE, pas de messe de minuit le soir de Noël, c'est péché
INCRITIQUABLE, aussi blanc que neige, les nains protestent mais leur voix compte à moitié

Conseils

AMOUR
- ♥ Fais les choses bien, *step by step*
- ♥ Officialise ta relation
- ♥ Demande conseil
- ♥ Élève le débat
- ♥ Reste fidèle à tes croyances

TRAVAIL
- ♣ Forme-toi ou forme la nouvelle génération
- ♣ Fais intervenir une tierce personne pour t'aider
- ♣ Agis avec éthique
- ♣ (Fais) Valide(r) un projet
- ♣ Mets-toi en conformité

GÉNÉRAL
- ✦ Prends un coach
- ✦ Reçois, puis questionne-toi
- ✦ Passer de la théorie à la pratique
- ✦ Remets-t'en à ta foi
- ✦ Respecte les traditions/règles établies

Punchline

«Se former, c'est pas se formater.»

VI
Les Amoureux

Connexion Voir et choisir avec le cœur Harmonie

C'est notre cœur comme boussole ou thermomètre, selon comment tu t'en sers… Notre intuition a fait son boulot pour nous diriger là où on se voyait être. Il ne nous reste plus qu'à nous laisser porter. Nos décisions ne font pas toujours l'unanimité, mais nous sommes les seul·e·s à savoir ce qui nous correspond le mieux. Le temps peut sembler suspendu, peut-être parce qu'il n'existe pas ? Ou, simplement, c'est ce moment où l'harmonie apparaît entre notre être et l'Univers. Tout est connecté.

Personnalité

Un Avatar télépathe en connexion directe avec le divin, une pote qui a le feeling pour dénicher les projets prometteurs ou encore ce couple dont l'évidence des sentiments nous rendrait presque jaloux tellement leur amour suinte de partout. Emplis de compassion, les Amoureux au grand cœur feront toujours en sorte que l'harmonie règne entre les gens. On pourra leur reprocher d'être un peu fleur bleue et pas suffisamment terre à terre.

Les PLUS

BONNE ÉCOUTE t'apporte des chaussons aux pommes au petit déj car il·elle sait que ce sont tes préférés

SENSIBILITÉ être touché·e par des bébés chatons ne rend pas moins viril·e

ÉVIDENCE faire la danse du lasso en soirée et réussir à attraper sa moitié

HONNÊTETÉ pas besoin de parler, de toute façon, mode télépathie activé

ALCHIMIE romantisme + attraction = le feu

Les MOINS

ÉGOÏSME se choisir tout le temps sans se soucier de l'autre

INDÉCISION cela dit, ne pas choisir, c'est un choix en soi

ROMANTIQUE À OUTRANCE « ça dégouline d'amour, c'est beau mais c'est insupportable »

FRAGILITÉ une hypersensibilité mal aspectée

MANQUE DE VOLONTÉ flemme de dire bonjour et de s'intégrer à ses collègues

Conseils

AMOUR

- ♥ Écoute ton cœur (dit grand-mère Feuillage)
- ♥ Ouvre-toi à l'autre
- ♥ Vis le truc sans artifices
- ♥ Sois juste avec toi-même
- ♥ Accepte ses excuses ou présente les tiennes

TRAVAIL

- ♣ Si tu le sens pas, n'y va pas
- ♣ Crée un environnement favorable
- ♣ Accueille volontiers la collab
- ♣ Sois solidaire, apporte ton aide

GÉNÉRAL

- ✦ Sois honnête tout en restant positif·ive
- ✦ Choisis le *love*
- ✦ Mets-toi à l'aise et fais en sorte que les autres le soient
- ✦ Découvre
- ✦ Fais ce qui est juste pour toi

Punchline

« Un choix fait avec le cœur est une option qui a raison. »

VII
Le Chariot

Volonté
Déter
La *win*

C'est persévérer, même si on est titillé·e entre son *light* et son *darkside*. Bien qu'on ait appris à s'écouter, il y a toujours deux parts en nous qui peuvent être en conflit. On avance, certes, mais à la vitesse d'une trottinette sur terrain vallonné. Subir des ralentissements, OK... Mais toujours garder le cap ! S'il n'y a que ceux·celles qui ne font rien qui ne peuvent pas se tromper, ici, on accueille l'éventualité de se vautrer car on sait que c'est pour avancer vers notre destination. Comme on dit dans le jargon : « Cowabunga ! »

Personnalité

Une personne qui mène de front une vie professionnelle et une vie artistique, un athlète de triathlon ou encore cette pote qui s'habille en rose le lundi puis en noir le mardi. Aucune bipolarité : elle exprime plusieurs facettes de sa personnalité sans être en conflit avec ça. Le Chariot peut sembler bancal et un peu trop ambitieux, mais c'est sa détermination et le fait qu'il soit dédié à son objectif qui lui permettront de tout défoncer sur sa route.

Les PLUS

CROIRE EN SOI, maman t'a toujours dit que t'étais la·e *best*, jamais elle n'aurait pu te mentir
PERSÉVÉRANCE, s'entraîner sans relâche pour ne pas se faire pipi dessus le jour du marathon
MAÎTRISE DE SOI, ne pas flancher devant une part de *carrot cake* en période de jeûne
MOTIVATION, gérer des gamins, une carrière et toujours être looké·e *on fleek*
EN MOUVEMENT, s'arrêter, c'est reculer

Les MOINS

LENTEUR/SURACTIVITÉ, ascension à 2 ou à 100 à l'heure
EFFORT, *team* forceur·euse en puissance (coucou, les pratiquant·e·s de yoga ashtanga)
DISPERSION, titillé·e entre sa lolita et son gothique intérieurs
REQUIN, prêt à tout pour réussir
TÊTE BRÛLÉE, foncer dans le mur pour le plaisir de dire « t'as vu, t'avais tort »

Conseils

AMOUR

- ♥ Fonce, champion·ne
- ♥ Clarifie tes ambitions
- ♥ Prends confiance en toi
- ♥ Trace ta route
- ♥ Surfe sur ton succès

TRAVAIL

- ♣ Reste concentré·e
- ♣ Poursuis tes efforts
- ♣ Sois l'homme/la femme de la situation
- ♣ Aie de l'ambition
- ♣ Investis-toi

GÉNÉRAL

- ✦ Persévère
- ✦ Va de l'avant
- ✦ Avance mais ménage ta monture
- ✦ Continue
- ✦ Vois plus grand

Punchline

« La *win*, c'est un état d'esprit, la *lose* une réalité, mais, si tu combines les deux, ça s'appelle la vie. »

VIII
La Force

Courage Self control Réconciliation

C'est un cri qui doit sortir sous la forme d'une belle mélodie audible par le plus grand nombre. Avant ça, on a pris soin d'accorder les fausses notes pour ne pas perdre la qualité de notre message intérieur. Qu'a-t-on à exprimer ? On peut perdre le contrôle, tout envoyer valser et risquer de tout faire foirer ou au contraire calmer nos instincts et les transformer en quelque chose d'utile.

Personnalité

Un médiateur qui aura à cœur d'écouter l'autre et de l'accompagner pour mettre la forme du message au service du fond, une personne qui fait son coming out avec douceur et sincérité ou encore un artiste qui utilise son art pour créer une œuvre inspirante à partir d'un trauma qu'il souhaite démystifier. La Force permet de réconcilier toutes les parts de nous-mêmes. L'émotion ne saurait être refoulée car, transcendée, elle donnera le courage de tout affronter.

Les PLUS

EXPRESSION, Céline Dion même sans micro, ça porte
ÉNERGIE CRÉATIVE, la coiffeuse qui rend hommage à tes boucles
COLÈRE SAINE, dire à ses parents qu'on aimerait qu'ils rentrent plus tôt à la maison
ENVIE EXPRIMÉE, assumer de prendre une glace à la vanille bien que ça soit sous-côté
FORCE INTÉRIEURE, Yoda n'a pas de grosse bagnole car il n'a rien à compenser

Les MOINS

BRUYANT, le premier à aboyer aux assemblées générales de copropriétaires
AGRESSIVITÉ, réaction possible pour un oubli de clignotant dans un rond-point
SUPÉRIORITÉ, se prend pour le roi de la jungle
CONTROL FREAK, va vérifier que t'as pas mangé plus de crêpes que lui
ESPRIT VENGEUR, esprit mangeur

Conseils

AMOUR

- ♥ Fais-lui cracher le morceau
- ♥ Dis ce que tu as sur le cœur en douceur
- ♥ Sois compréhensif·ive, apprivoise l'autre
- ♥ Calme le jeu
- ♥ Fais monter la température, fais voler ton slibard

TRAVAIL

- ♣ Sois courageux·se
- ♣ Accepte tes collègues (oui, même les plus relou·e·s)
- ♣ Montre de quoi tu es capable
- ♣ Prends les choses en main
- ♣ Fais ce qui te passionne

GÉNÉRAL

- ✦ Se comprendre pour mieux être/s'exprimer
- ✦ Poser des mots sur une situation
- ✦ Convertis ta colère en quelque chose d'utile
- ✦ Prends ton mal en patience
- ✦ Assume ta vraie nature

Punchline

« Crier sa vérité, c'est aussi prendre le risque de finir sur *mute*. »

IX
HAPPY
L'Hermite

Solitude Sagesse Self-made wo·man

C'est le moment du premier bilan sur ce que l'on vient de vivre après notre cheminement dans les arcanes majeurs. On réécoute religieusement les tubes de nos expériences. C'est *old school*, mais c'est notre background, et ne pas l'assumer serait absurde puisque c'est lui qui nous a forgé·e·s. L'introspection comme voie de transformation, le nouveau programme est en cours de téléchargement. Le recueillement silencieux d'une solitude salvatrice pour une sagesse *self made*. Un choix qui permettra d'étudier nos schémas et, pourquoi pas, de les désamorcer si nous y sommes prêt·e·s.

Personnalité

Un geek qui streame non-stop, toi en cours de *glow up* ou encore ce grand frère qui te montre sur un coussin comment rouler une galoche. L'Hermite est sur la voie d'une guérison intérieure. S'il pouvait partager son expérience, jamais il ne l'imposerait comme vérité absolue. Pas de recette magique, chaque parcours est unique. Tout comme chaque corps est unique, chaque âme l'est aussi.

Les PLUS

SLOW DOWN, loin des turbulences, prépare son *glow up* avec prudence
EXPÉRIENCE, la théorie des 10 000 heures
VÉRITÉ, son universalité est discutable, mais c'est la sienne
NON INFLUENÇABLE, Booba qui n'a pas besoin de thé amincissant
GUIDE, montre la voie jusqu'au cap d'Agde si telle est ta destination

Les MOINS

ISOLEMENT, a perdu tou·te·s ses ami·e·s mais utilise la carte « introspection »
INACCESSIBILITÉ, Anna Wintour à la Fashion Week
LENTEUR, prend excessivement son temps, ce qui peut être excessivement énervant
COMPLOTISTE, cherche l'origine extraterrestre des pyramides
MELON, fruit délicieux en été mais qui peut aussi désigner la grosse tête d'un·e thérapeute

Conseils

AMOUR

- ♥ Apprécie le célibat
- ♥ Continue ton chemin seul·e
- ♥ Isole-toi un peu
- ♥ Étudie son historique de navigation
- ♥ Sois le plus intelligent des deux

TRAVAIL

- ♣ Avance dans ton coin
- ♣ Autodidacte, c'est bien aussi
- ♣ Démontre ton expertise sans trop en faire
- ♣ Explique ce que tu fais à ceux que ça intéresse vraiment
- ♣ Fais le bilan calmement

GÉNÉRAL

- ✦ Fais une retraite vipassana ou du trek
- ✦ Prends du recul, relativise
- ✦ Kiffe la *life alone*
- ✦ Mets ton téléphone en *mute*
- ✦ Auto-analyse = économie de psy

Punchline

« Si Gandalf toque à ta porte, dis-lui que t'es déjà sur un gros doss : toi. »

X
La Roue de Fortune

Agilité Bonne fortune Timing

C'est l'opportunité de choisir sa destinée à chaque point d'interrogation. Toute question amène des décisions qui nous rapprochent un peu plus de nous-même. L'équilibre est précaire car le temps n'est jamais linéaire. Tout est mouvement dans les univers parallèles. Qu'importe l'information, c'est ce que nous en faisons qui lui donnera sa saveur. Qu'espérons-nous au fond de nous ? Retourner à la case départ de l'involution ou être sur la ligne de départ du second round de l'évolution.

Personnalité

Quelqu'un qui ne parvient pas à se détacher d'un schéma répétitif et n'ose pas prendre une décision franche et constructive, un lunatique ou encore un optimiste qui va de catastrophe en succès, et inversement, sans jamais faillir. La Roue de Fortune nous met face à nos responsabilités. Réussir à créer l'avenir qu'on s'imagine demande d'entrer sur le terrain et de mouiller le maillot plutôt que d'attendre qu'on nous attribue le rôle de remplaçant. « La roue tourne va tourner », à nous de marquer le but qui casse le cycle d'une malchance infernale qu'on pensait inéluctable.

Les PLUS

CHANGEMENT, une nouvelle page s'ouvre
BOOSTER, ce coup de pied aux fesses nécessaire
IMPROVISATION, avoir une mauvaise mémoire mais être créatif·ive
ÉCORESPONSABLE, rien ne se perd, tout se transforme
LEÇON DE VIE, le temps, ça vaut plus cher que l'argent

Les MOINS

IMPRÉVU, le réveil n'a pas sonné, la visio est dans cinq minutes, *challenge accepted*
RALENTISSEMENT, ou pédaler dans la semoule
INCOMPRÉHENSION, retourner vers les *toxic people*
DESTIN FIGÉ, prendre pour argent comptant les prédictions de Nostradamus
UP AND DOWN, rester assis en soirée sous prétexte qu'on ne sait pas danser

Conseils

AMOUR

- ♥ Donne-toi du temps
- ♥ Pose-toi les bonnes questions et prends tes responsabilités
- ♥ Adapte tes plans en fonction de ce que tu vois
- ♥ Reste concentré·e
- ♥ Sors de cette roue. Es-tu un hamster ?

TRAVAIL

- ♣ Positionne-toi, évolue
- ♣ Investis-toi à la hauteur des résultats que tu souhaites
- ♣ Saisis ta chance
- ♣ Accueille l'instabilité pour créer la stabilité
- ♣ Change la donne, impulse quelque chose

GÉNÉRAL

- ✦ Accepte tes rides d'expression
- ✦ Arrête de jouer les Calimero
- ✦ Mets tes baskets, va courir (la vie, c'est le mouvement)
- ✦ Surfe sur la vague, agilité !
- ✦ Appuie sur le champignon

Punchline

« Quand t'échoues, t'as deux options : rester à terre ou devenir Batman. Deviens Batman. »

XI
TCHIP
La Justice

Honnêteté Responsabilité Éthique personnelle

C'est le « tchiiiiip » et ce regard insistant qui te demande d'un peu mieux réfléchir à ce qui n'est pas respecté. Il semblerait qu'il pointe du doigt tes besoins. « Plaire à tout le monde, c'est plaire à n'importe qui. » Or, es-tu n'importe qui ? De toute façon, personne ne l'est mais si on partait tous de ce principe, nos rêves d'enfance sacrifiés ne viendraient pas hanter nos nuits et il n'y aurait ni lumbago ni ulcère sur Terre.

Personnalité

Une BFF qui te confronte à ta connerie, un étudiant qui tient tête et refuse de se plier à un système scolaire abusif ou encore l'Urssaf qui toque à ta porte. La justice nous met en garde de ne pas nous tirer une balle dans le pied. Dire non aux autres pour pouvoir mieux se dire oui, c'est être respectueux envers soi. C'est une mise en règle judiciaire personnelle dont nous seul·e·s connaissons l'équité.

Les PLUS

FRANCHISE, te dira sans détour si un outfit te va ou pas
LIMITES, sait donner un « non » et respecte le tien
LOYAUTÉ, s'il·elle te dit « oui » pour t'accompagner à une soirée claquée, respectera ses engagements
ÉTHIQUE, utilise un tote bag, refuse les pots-de-vin et applique les quatre accords toltèques
ÉQUILIBRE, une vérité droite dans ses bottes

Les MOINS

RIGIDE, n'aime pas qu'on change le plan des vacances
SUSCEPTIBILITÉ, mieux vaut s'en tenir aux blagues de Toto : pas de vannes trop personnelles
ÉGOCENTRIQUE, en boucle sur l'accroche d'Évelyne Thomas « C'est mon choix »
KARMA, le retour de bâton, mon pote
JUGEMENT, le « tchip » pas du tout discret qui signale la connerie effectuée

Conseils

AMOUR

- ♥ Assume tes actes (oui, même si t'étais bourré·e)
- ♥ Pose tes limites
- ♥ Recense le positif et le négatif
- ♥ Rationalise, c'est pas le moment d'être romantique
- ♥ Prends un avocat pour la garde partagée

TRAVAIL

- ♣ Bosse : deux heures de pause déj, c'était peut-être un peu trop
- ♣ Priorise les tâches de ta *to-do list*
- ♣ Mets de côté les gossips et concentre-toi
- ♣ Fais ce que tu as promis à Michel de la compta
- ♣ Rassemble les preuves pour les prud'hommes

GÉNÉRAL

- ✦ Y a pas à se comparer, « chacun sa route, chacun son chemin »
- ✦ Pèse le pour et le contre
- ✦ Sois honnête avec toi-même
- ✦ Cherche pas d'excuses, juste assume
- ✦ *Treat yourself like a queen*

Punchline

« L'angoisse, c'est de porter un pull qui ne plaît qu'à notre mère. »

XII
Le Pendu

Pause Lâcher-prise Vulné-rabilité

C'est l'instant où on ne peut rien faire pour changer les choses, seulement les accepter. Provisoirement ? Définitivement ? La pause nous incite à lâcher prise. On n'a que pour option de faire preuve d'humilité. Notre ego demande à être mis de côté. Au profit d'un sacrifice ou d'une vision périphérique élargie pour un apaisement ambiant, et peut-être entrevoir le début d'une vérité : la sienne. Quand, une nouvelle fois, la pause s'impose, c'est que l'illumination est en chemin.

Personnalité

Cédric Michel qui enseigne un yoga nidra, un ado qui ne fout rien mais poursuit sa croissance ou encore un père qui envoie sa femme chez la·e sophrologue car un parent sain d'esprit sur deux c'est mieux que deux défaillants. Le Pendu nous impose un corps-à-corps avec un début de divin qu'on trouvera en nous. L'inconfort de la posture titillera notre esprit capricieux. Ce dernier n'aura d'autre choix que de reconnaître que ne pas tout contrôler, c'était pas si mal.

Les PLUS

TRANQUILLITÉ, le rythme du sud : « doucement le matin et pas trop vite l'après-midi »
DIFFÉRENT, on l'appelle l'ovni
ABNÉGATION, se dévouer pour dormir sur le canapé dans le Airbnb
SIMPLICITÉ, se contenter de peu pour se concentrer sur l'essentiel
MÉDITATION, moment où seul un bol tibétain pourra t'interpeller

Les MOINS

FRUSTRATION, être invité·e à un goûter d'anniversaire en plein sevrage de glucides
BLOCAGE, faire du surplace dans la queue d'une attraction
LUNAIRE, quand la spiritualité te monte un peu trop au cerveau
ENNUI, être pieds et poings liés à un repas de famille
LAXISME, se laisser aller et moins s'apprêter pour aller au travail

Conseils

AMOUR

- ♥ Observe cette relation différemment
- ♥ Laisse-la·e faire la vaisselle
- ♥ Reconsidère la situation
- ♥ Écoute ses doléances
- ♥ Patiente, c'est pas le moment

TRAVAIL

- ♣ Accepte le statu quo
- ♣ Te foule pas sur ce dossier
- ♣ Trouve le détail qui fera la diff
- ♣ Garde ton énergie pour le yoga
- ♣ Fais du *quiet quitting*

GÉNÉRAL

- ✦ Lâche prise, sinon tu vas lâcher la rampe
- ✦ Appuie sur le bouton pause/*mute*
- ✦ Va méditer
- ✦ Écoute ton corps
- ✦ Sacrifie-toi pour la patrie

Punchline

« S'il faut 20 % d'efforts pour obtenir 80 % de résultats, pourquoi faire plus ? »

XIII
bye!
La Mort

Trans-formation The end Libération

C'est le « bye » que tu lâches aux reliques d'un temps révolu. Un temps de réflexion aura permis de prendre conscience que la situation ne nous convient plus. On se sépare de ce qui alourdit notre silhouette au profit de ce qui saura la mettre en valeur. Voyager plus léger, c'est renoncer à un excédent de bagages qu'on aura toujours sous-estimé et qu'on paiera forcément à l'arrivée. Anticiper une fin inexorable, c'est gagner du temps et ça tombe bien puisque le temps, c'est ce qu'on ne rattrapera jamais.

Personnalité

Marie Kondo et le concept du minimalisme par la joie, un jeune divorcé qui laisse tout à son ex plutôt que de perdre du temps à négocier des souvenirs dont il ne veut plus ou encore un fumeur qui arrête de l'être. La mort peut pousser à une radicalité qui se veut nécessaire pour préserver notre être. « Rien ne se perd, tout se transforme » résonne comme l'hymne d'un upcycling possible. On ne gardera que ce qui correspond à notre style. Encore faut-il le connaître…

Les PLUS

FIN, le dernier épisode de ta série, c'est triste mais la vie continue
CHANGEMENT, passer du gentil au méchant flic ou l'inverse
REVIVAL, une soirée entre copines pour oublier ses soucis
TRANSITION, moment de latence durant lequel on prend le temps d'accepter
DÉSINTOXICATION, un sevrage de café

Les MOINS

RADICALITÉ, expulser quelque chose de sa vie du jour au lendemain
MALAISE, des décisions qui manquent de franchise
DEUIL, une tristesse qui dure
RANCUNE, le seum qui ronge et fait monter des stratagèmes
SOUFFRANCE, passer de la mode des talons carrés aux talons pointus

Conseils

AMOUR

- ♥ Arrête ce qui ne marche plus
- ♥ Fais évoluer ta relation
- ♥ Lâche ce boulet
- ♥ Coupe les liens toxiques
- ♥ Tourne la page, repars à zéro

TRAVAIL

- ♣ Simplifie, change radicalement
- ♣ Casse la période d'essai
- ♣ Fais des coupes budgétaires
- ♣ Oublie les actions passées
- ♣ Passe au-dessus de sa mauvaise haleine

GÉNÉRAL

- ✦ Fais du tri
- ✦ Purifie ton âme (et ton logement)
- ✦ Fais une *digital detox*
- ✦ Efface ton historique de navigation
- ✦ Accepte le changement

Punchline

« Pour accueillir la joie, on lui fera de la place. »

XIV
La Tempérance

Dosage Compromis Apaisement

C'est le lien que tu crées entre ta vie matérielle et ta vie spirituelle. À première vue, les deux n'ont pas l'air compatibles. Pourtant, comme tu as renoncé à la vie monastique, ton évolution se poursuit parmi les mortels. On se sent autant connecté·e aux gens avec qui on développe des relations pacifiées qu'à notre mission personnelle, elle aussi, double. Vendre des donuts le matin pour remplir le frigo et pratiquer le kung-fu l'après-midi pour nourrir son âme. L'harmonie se trouve dans la voie du milieu. Elle nous apaise et nous réconcilie en tout point.

Personnalité

Une médiatrice familiale, un passionné de chant qui accepte de se produire au café du village à défaut du Stade de France, ou encore une professeure de tai-chi qui amène à créer un équilibre entre le corps et le souffle de ses élèves. La Tempérance stabilise un grand écart entre deux poids lourds et nous apprend le compromis. On a fait la paix avec ce qui était et on est confiant quant à ce qu'il adviendra, car on vit le moment présent avec conviction.

Conseils

AMOUR

- Mets de l'eau dans ton vin, va sortir la poubelle
- Accorde du temps à ta vie amoureuse
- Apaise ton cœur
- Écoute l'autre et sois indulgent·e
- Sois aux petits soins

TRAVAIL

- Maîtrise-toi
- Gère les priorités pour retrouver de la fluidité
- Fais de la médiation entre les services
- Équilibre le pro et le perso
- Fais du *networking*

GÉNÉRAL

- *Relax*, garde la tête froide
- Prends du temps pour toi, soigne-toi
- Trouve des pistes pour rendre la situation acceptable
- Concilie ta vie de tous les jours et ta vie artistique
- Continue d'alimenter ton inspiration

Les PLUS

ÉQUILIBRE, réussir à le trouver entre sa vie perso et sa vie pro
PATIENCE, un demandeur d'emploi face à un recruteur dominant
ADAPTATION, cuisiner un gâteau aux pommes sans œuf
CONNEXION, une collaboration improbable, Katy Perry *feat* Snoop Dogg
MOUVEMENT, s'activer pour faire avancer les choses

Les MOINS

LAXISME, un peu trop s'écouter
MANQUE D'INSISTANCE, le « On se connaît ? » insuffisant pour connecter
PIGEON VOYAGEUR, le passe-plat qui n'a pas de valeur ajoutée
LENTEUR, 2 de tension
SURADAPTATION, vouloir plaire à tout le monde

Punchline

« Accélérer ou ralentir, il s'agirait de doser. »

XV
Le Diable

Attachement
Plaisirs
Piège

C'est le maillon qui nous donne l'illusion d'être faible, ou peut-être l'inverse. Avoir peur de céder aux plaisirs matériels serait-il se priver de richesses qu'on ne trouverait pas dans le monde spirituel ? Sans expérimentation, on ne le saura jamais. Alors, prudence, gare au risque de se retrouver piégé·e, séduit·e par la beauté d'un bourreau qu'on pourra tenir pour responsable. Cette mascarade durera aussi longtemps qu'on acceptera son rôle de victime renonçant à son évolution. *Reminder* : on a toujours le choix.

Personnalité

Un patron qui exploite ceux qui s'accrochent à la stabilité du CDI et profite d'un système qui les esclavagise, celle qui dit que c'est jamais de sa faute, ou encore un passionné de tarot à la collectionnite aiguë. Le Diable nous tente et nous permet aussi de lâcher la pression dans les plaisirs. Encore faut-il avoir la force de s'arrêter au bon moment. Parfois, ce qui brille à l'extérieur attire ceux·celles qui ne brillent pas suffisamment à l'intérieur.

Les PLUS

CRÉATIVITÉ, une inspiration débordante
PRISE DE CONSCIENCE, mettre le doigt dessus
ENFERMEMENT CHOISI, Afida Turner dans son rôle d'excentrique
DÉSIR SEXUEL, un·e partenaire à l'odeur irrésistible
TENTATION, Tinder activé

Les MOINS

MANIPULATION, dire défendre le peuple mais œuvrer pour des lobbies
DÉPENDANCE, une relation bien téléréalité, bien *drama*
MATÉRIALISME, la grosse voiture mais vivre dans 15 m²
RESPONSABILITÉS, celles qu'on refuse de s'attribuer
PIÈGE, rendre un service qui finit par se transformer en dû

Conseils

AMOUR

- ♥ Active le mode séduction
- ♥ Fais-lui tourner la tête
- ♥ Ravive la flamme
- ♥ Questionne-toi sur pourquoi vous êtes ensemble
- ♥ Admets qu'il s'agit d'une relation sans lendemain

TRAVAIL

- ♣ Accepte provisoirement l'inconfortable
- ♣ Garde en tête que tu es libre de partir
- ♣ Gagne en ambition en acceptant de perdre en sympathie
- ♣ Garde la situation sous contrôle
- ♣ Sois acharné·e au boulot

GÉNÉRAL

- ✦ Fais-toi plaisir
- ✦ Ose un nouveau rôle
- ✦ Sois charismatique
- ✦ Attention à la manipulation
- ✦ De quoi peux-tu te libérer ?

Punchline

« La seule corde au cou dont on devrait se réjouir, c'est celle qu'on choisit. »

XVI
La Tour

Choc Changement inopiné Dé-construction

C'est ton enfant intérieur qui complote avec l'Univers pour te faire redescendre d'un étage. On aura beau avoir sécurisé le périmètre et balisé notre progression, la prise de melon a été inévitable. Ce mouflet bien intentionné se fait l'avocat du diable et décide de tout faire péter. Ton ego d'adulte en prend un coup, mais il teste ta capacité à te déconstruire, à rebondir et à repartir sur des bases saines. La protection de ce que nous portons en nous est illusoire puisque le révéler est notre but.

Personnalité

Une personne qui vit le combo : divorcer, se faire virer et être expulsé·e de chez elle, un mec qui se fait battre à la muscu par une fille ou encore une journaliste et ses *breaking news*. La Tour ne nous laisse le choix que de subir un changement radical que nous savions inévitable. Les livres de développement personnel pourront aider, sauf si tu t'en sers à nouveau de bouclier… L'enfant vengeur réitérera sa prophétie tant que tu n'auras pas compris.

Les PLUS

RÉVÉLATION LIBÉRATRICE, la fin de la *hype* des crop tops
RÉVOLUTION, claquer sa dém pour devenir danseur·euse
BOULEVERSEMENT, ta nana te quitte mais tu en retrouves une direct
HUMILITÉ, rappelle que rien n'est éternel
RAPIDITÉ, se faire virer puis chasser par un recruteur

Les MOINS

COUP DE THÉÂTRE, un vélo qui déboule de l'angle mort
DESTRUCTION, la séparation des One Direction
RÉVÉLATION FRACASSANTE, quand t'apprends que la tomate est un fruit
ÉCHEC, éclater en plein vol après un projet trop ambitieux
CHAOS, le premier jour des soldes

Conseils

AMOUR

- ♥ Brise la glace
- ♥ Permission de s'énerver accordée
- ♥ Mets les pieds dans le plat
- ♥ Titille ce qui te semble bancal
- ♥ Rebondis

TRAVAIL

- ♣ Perce l'abcès
- ♣ L'heure du scandale a sonné
- ♣ Accroche-toi, ça va secouer
- ♣ Le changement, c'est *right now*
- ♣ Fais voler en éclats

GÉNÉRAL

- ✦ Change quelque chose avant d'y être forcé·e
- ✦ Sors la Claire Chazal en toi
- ✦ Claque-lui le beignet
- ✦ Sois réactif·ive
- ✦ Accueille le chaos

Punchline

« Fais l'autruche, et la vie se chargera de te sortir la tête du sol. »

XVII
L'Étoile

Simplicité Authenticité Tranquillité

C'est le « Inchallah » comme totem d'immunité. Notre progression se poursuit, elle est singulière. On réussit enfin à donner tort à l'expression « personne n'est irremplaçable », car nous sommes tou·te·s uniques et nous le transpirons enfin de tout notre être. Authentique et protégé, ce dernier s'en remet à la bonté du ou de la gentil·le qui sommeille en chacun de nous. La pluie de *good vibes* nous donnera la force d'affronter les peurs de la Lune et rendra encore plus incroyables les joies du Soleil.

Personnalité

Rihanna qui s'est pas foulée sur la scéno au Super Bowl mais qui, incroyable de « simplicité », a confirmé son statut de super star, un pêcheur qui n'a que faire d'aller monter des business pour préparer une retraite paisible au bord de l'eau avec sa famille car c'est déjà son quotidien, ou bien une copine suffisamment à l'aise pour péter dans le lit sans crainte d'être jugé·e. AMEN. L'Étoile offre sa protection et nous donne la foi d'être nous-mêmes en toute confiance.

Conseils

AMOUR

- ♥ Sois naturel·le et sincère
- ♥ Garde espoir
- ♥ Communique avec bienveillance
- ♥ Joue cartes sur table
- ♥ Accepte la légèreté

TRAVAIL

- ♣ Prends ta place
- ♣ Sois authentique
- ♣ Propose ta vision
- ♣ Fais confiance
- ♣ Courage

GÉNÉRAL

- ✦ Prends confiance en toi
- ✦ Aie la foi
- ✦ Fais plus de place à la spiritualité
- ✦ Poursuis tes objectifs
- ✦ Lâche-toi la grappe et vas-y nature peinture

Les PLUS

PROTECTION, un barbu ou un préservatif
AUTHENTICITÉ, s'affiche sans filtre sur les réseaux et dans la vie
VOIE TROUVÉE, la première fois que Cyril Lignac a touché un rouleau à pâtisserie
OPTIMISME, les coachs en développement personnel l'ont pour gourou
SUCCÈS, pas besoin d'avoir son étoile sur le Walk of Fame

Les MOINS

BISOUNOURS, croire faire partie du même gang et se faire bananer
LAXISME, s'en remettre à son patrimoine génétique plutôt qu'au rack de squats
MANQUE D'ENGAGEMENT, la flemme d'aller chez ses beaux-parents
PERCHÉ·E, une « totale liberté de pensée cosmique vers un nouvel âge réminiscent »
TROP À L'AISE, passer un entretien en tongs

Punchline

« Sur chaque rêve, un Bisounours veille. »

XVIII
La Lune

L'incons-cient Peurs Illusion

C'est l'ouverture de la boîte de Pandore des expériences passées qui influencent ton présent. L'exercice est angoissant car il nous confronte à nos peurs que nous peinons à comprendre de nous-mêmes. Mais plutôt que de continuer à surinterpréter, on ira s'y confronter pour les accepter. D'inconscient à conscient. D'incompréhension à intégration. En vue de s'alléger pour rendre incolore et inodore une douleur imperceptible à l'œil nu mais flagrante pour celui ou celle qui l'aura transcendé·e.

Personnalité

Toi chez la·e psy pour analyser le requin dans la piscine de ton rêve, une arachnophobe à Fort Boyard, le grand-père qui refuse de prendre la parole en public de peur qu'on se moque de lui comme quand il récitait sa poésie en CE2. La Lune nous met face à nos pires cauchemars pour les faire passer de l'ombre à la lumière. C'est une invitation à la réconciliation de toutes les parties de nous : les bonnes comme les mauvaises, une richesse multicolore qui mérite d'être reconnue en tant que telle.

Les PLUS

SHADOW WORK, travail sur nos parts d'ombre seul·e ou chez la·e psy
COMPRÉHENSION, quand l'irrationnel rencontre la logique
RÊVE, celui qui se crée chaque nuit et se nourrit de la vie
INTUITION, esquiver une surprise d'anniversaire qui était un spectacle d'orques
RÉCONCILIATION AVEC SOI, reconnaître ses traumatismes et s'en défaire

Les MOINS

CAUCHEMAR, un clown qui nous poursuit dans un supermarché pour nous tuer
VISION DÉFORMÉE, une situation sous le prisme de nos propres peurs
REFOULEMENT, nier qu'on s'est comporté·e comme un·e minable
PÉNIBILITÉ, les 2 % de batterie du téléphone
BROUILLARD INTERNE, erreur 404, veuillez patienter le temps que l'esprit devienne plus clair

Conseils

AMOUR

- Pointe du doigt ce qui t'angoisse
- Demande-toi : « Quelle histoire on se raconte ? »
- Trouve ce qui cloche
- *It's time* d'évoquer les sujets gênants
- Quand il y a un doute, c'est qu'il n'y a plus de doute

TRAVAIL

- Va plus en profondeur dans ton projet
- Affronte tes peurs
- Prudence, patience et découverte
- Analyse ton environnement
- Comprends pourquoi tu prends les choses personnellement

GÉNÉRAL

- Prends ton courage à deux mains pour faire face à tes angoisses
- Si seul·e, c'est trop difficile, fais-toi aider
- Approfondis le sujet
- Note puis décrypte tes rêves
- Fini, la politique de l'autruche, fais face

Punchline

« Trouve la part blessée de toi avant qu'elle ne te blesse. »

XIX
Le Soleil

Succès
Good vibes
Partage

C'est le « woop woop » que lâche l'alchimiste quand il a accompli son œuvre. On a passé toutes les phases de transmutation. Ce qui nous plombait est devenu or. Un trésor qu'on peut partager sans crainte d'être détrôné·e. Au-dessus du Soleil se trouve le divin, et c'est en rayonnant que nous l'atteindrons enfin. Le puzzle est terminé. Il peut être montré car il est parfait tel qu'il est. Il incitera les autres à commencer le leur ou leur communiquera son énergie joyeuse.

Personnalité

Un petit troll joyeux qui chante « Can't Stop the Feeling! », une voisine qui organise le barbecue annuel – plus efficace qu'un agent immobilier pour convaincre les nouveaux acquéreurs qu'il fait bon vivre dans le quartier –, ou ton collègue qui ose montrer qu'il réussit. Le Soleil déborde de positivité et nous encourage à embrasser la nôtre. C'est la réconciliation du yin et du yang de notre personnalité qui, mise en lumière, brille naturellement.

~ Les PLUS ~

FUN, jouer à la marelle en costume de dinosaure
RÉUSSITE, soulever la coupe du monde de foot
CONFIANCE, l'optimisme plus puissant qu'une piqûre de Botox
CLARTÉ, plus un nuage à l'horizon
ABONDANCE, être récompensé·e à sa juste valeur

~ Les MOINS ~

ÉGOCENTRISME, pense être Beyoncé
GAMIN, joue au roi du silence jusqu'à temps qu'on lui dise qu'il a raison
PARLER TROP VITE, vendre la peau de l'ours avant de l'avoir tué
ÉBLOUISSEMENT, porter une robe blanche au mariage de son crush (déjà, comment t'es invité·e ?)
REQUIN, tout pour la *fame*

Conseils

AMOUR

- ♥ Fais plus simple, amuse-toi
- ♥ Fais preuve de générosité
- ♥ Tiens-lui la main en public
- ♥ Partage ton bonheur
- ♥ Passe du *quality time* avec ton + 1

TRAVAIL

- ♣ Montre ton travail, prends la parole en public
- ♣ Cultive la convivialité
- ♣ Mets en lumière les collaborateur·rice·s qui le méritent
- ♣ Commence par te sentir *successful*, le reste suivra
- ♣ Travaille sur le dossier qui te met le plus en joie

GÉNÉRAL

- ✦ Mets ton plus bel *outfit*, le monde doit te voir dedans
- ✦ Cultive ce qui t'apporte du bonheur
- ✦ Réjouis-toi, amuse-toi
- ✦ Si la musculation t'ennuie, éclate-toi à la Zumba !
- ✦ Va dans la direction la plus *smooth* pour toi

Punchline

« Une joie non partagée, c'est un karaoké raté. »

XX
Le Jugement

Appel (R)Éveil Vocation

C'est le « ding ding » signifiant l'ouverture des portes de l'ascenseur final. Autrefois, nous en avions peur. Aujourd'hui, on s'y présente car c'est l'heure. Nous étions attendu·e·s. Nous l'attendions, aussi. Bien qu'on ne sache pas vraiment à quoi s'attendre, une fois sur place, tout est évidence. Une vocation/âme sœur, ça ne se choisit pas, c'est elle qui nous choisit. Quand l'expression *only God can judge* prend tout son sens, nous obtenons la reconnaissance : nos actions sont justes et jugées en ce sens. D'ailleurs, bonne nouvelle : tu t'approches enfin du but de ta quête.

Personnalité

Une lanceuse d'alerte qui annonce avant tout le monde la chute des taux d'intérêt ou encore un amoureux qui saute dans un taxi rattraper sa belle avant qu'elle prenne l'avion. Le jugement nous encourage à nous montrer tel·le que nous sommes et à répondre à son appel. Le divin nous libère du passé et nous fait renaître pour un avenir heureux.

Les PLUS

(R)ÉVEIL, Greta Thunberg qui applaudit devant le film *Don't Look Up*

ÉVIDENCE, ta flemme jumelle levant tout doute : la vaisselle ne va pas se faire toute seule

RÉCOMPENSE, une *standing ovation*, une remise de diplôme

***MATCH* PARFAIT**, un swipe à droite, le plus rentable de toute l'histoire du célibat

RECONNAISSANCE, le signe de la main des motards quand ils se croisent sur la route

Les MOINS

JUGEMENT, toiser les porteurs de chaussettes dépareillées

RAPPEL À L'ORDRE, se faire choper puis sermonner

PROPAGANDE, les guides spirituel·le·s qui te promettent la meilleure version de toi-même en cinq vidéos de trente minutes pour 899 € payables en trois fois sans frais

FANFARONNADE, se vanter d'être bien payé·e, se faire virer

ATTENTISME, écrémer tous les *pick a card* qui annonceront le retour de l'être aimé

Conseils

AMOUR

- ♥ Ouvre les yeux sur la situation
- ♥ Reconnais le potentiel qui s'offre à toi
- ♥ Accepte les invitations
- ♥ Propose un échange à cœur ouvert
- ♥ Montre ton intérêt/engagement

TRAVAIL

- ♣ Accepte cette mission, elle est faite pour toi
- ♣ Deviens porte-parole
- ♣ Rapproche-toi des gens inspirants ou suis-les
- ♣ Sois moteur dans le changement
- ♣ Monte ce projet jamais osé

GÉNÉRAL

- ✦ Communique, décroche ton téléphone
- ✦ Pose des actions qui t'élèvent spirituellement
- ✦ Aide ton prochain
- ✦ Écoute ou parle, mais respecte toujours les autres
- ✦ Branche la fibre au Grand Tout

Punchline

« Il y a deux sortes de jugement : celui qui élève et celui que fuit l'élève. »

XXI
Le Monde

Accomplissement Complétude Le tout

C'est le son primordial « om̐ » (ॐ) qui résonne si fort en toi que même les voisins en ressentent les bienfaits. On a enfin réussi à passer toutes les étapes de ce jeu vidéo qui nous aura autant challengé·e·s que récompensé·e·s. L'épopée fut longue, mais nous sommes libéré·e·s et accédons enfin à la paix intérieure à laquelle nous aspirions en début de parcours. Tout est parfait (pour soi) !

Personnalité

Celui qui réussit sa vie : le chef d'entreprise qui part en vacances tous les trois mois comme la personne qui vit de sa cueillette autosuffisante ou encore une *yogini* qui atteint enfin le *samadhi* après une montée de *kundalini* intense. Notre monde intérieur coopère avec notre monde extérieur. La réussite est complète et sur tous les plans. On pourrait avoir tendance à la protéger de peur qu'elle nous échappe, mais la réussite n'est qu'un état qui se partage.

Les PLUS

ABOUTISSEMENT, finir son Rubik's Cube
CÉLÉBRATION, faire la fête pour ton quinzième jour d'abstinence
BIEN ENTOURÉ·E, la fine équipe : famille, amis, amoureux·euse, collègues
PENSÉE GLOBALE, faire fortune puis faire de l'humanitaire (l'un n'exclut pas l'autre)
CONTENTEMENT, être heureux·euse du chemin parcouru

Les MOINS

AUTOCENTRÉ·E, se prendre un peu trop pour le nombril du monde
ENFERMEMENT, l'algorithme qui nourrit le complotisme
PEUR DE RÉUSSIR, un quotidien étriqué et zéro investissement
IDÉAL, vouloir sortir avec Scarlett Johansson alors qu'on ne se brosse pas les dents
INSATISFACTION, faire la·e perfectionniste pour occulter sa réussite

Conseils

AMOUR

- ♥ Concrétise ce qui compte pour toi
- ♥ Organise quelque chose qui te ressemble
- ♥ Pense à toi
- ♥ Profite de ton doudou
- ♥ Ouvre tes chakras, bouge

TRAVAIL

- ♣ Va au bout de ton projet
- ♣ Kiffe ce que tu as réalisé
- ♣ Crée ta réussite
- ♣ Pense global
- ♣ Montre ta gratitude

GÉNÉRAL

- ✦ Compose ton propre univers
- ✦ Choisis ce qui contribue à ta réalisation
- ✦ Crée ta bulle de sérénité
- ✦ Ouvre-toi et rends-toi utile au collectif

Punchline

« Être en paix et fraterniser avec le moustique, c'est la preuve que ton éveil est complet. »

Décryptage système

Arcanes mineurs

Plus faciles à saisir que les arcanes majeurs qui répondent aux questions liées à notre évolution, les arcanes mineurs parlent de notre « expérience » du monde : comment je vis le truc, MOI, et pas comment le vit le voisin. D'où l'intérêt d'utiliser des questions plutôt centrées sur soi. Ladite expérience est saucissonnée en quatre domaines.

✷

QUATRE DOMAINES

✷

Aussi appelés « suites » ou « éléments », les quatre domaines du tarot permettent donc de catégoriser notre quotidien :

		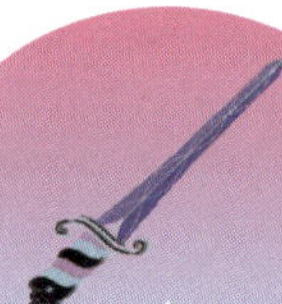	
✷ BÂTONS ✷	✷ COUPES ✷	✷ ÉPÉES ✷	✷ DENIERS ✷
LE MOJO	**LES FEELINGS**	**LE BRAIN**	**LE TANGIBLE**
Me pousse à y aller	M'émeut	Me fait réfléchir	Me met bien

~ Les PLUS ~

✷ Désir ✷ Volonté ✷ Passion ✷ Action ✷ Énergie ✷ Sexe ✷ Motivation	✷ Émotion ✷ Amour ✷ Amitiés ✷ Connexion ✷ Spiritualité ✷ Joie ✷ Psyché	✷ Logique ✷ Idée ✷ Raison ✷ Savoir ✷ Pensée ✷ Intelligence ✷ Expression	✷ Concret ✷ Physique ✷ Matériel ✷ Argent ✷ Réalité ✷ Nourriture ✷ Talents

~ Les MOINS ~

✷ Agressivité ✷ Fierté ✷ Survoltage ✷ Imprudence	✷ Bisounoursland ✷ Émotivité ✷ Tristesse ✷ Turbulences ✷ Instabilité	✷ Froideur ✷ Déconnection ✷ Illusions ✷ Anxiété ✷ Intransigeance	✷ Excès ✷ Manque ✷ Opportunisme ✷ Stagnation ✷ Égoïsme

Ces domaines nous donnent une indication sur la teneur des cartes. Si on est sur des Bâtons, il y aura une grande énergie et une volonté d'action, tandis que si on tombe sur des Coupes, on parlera davantage de sentiments et d'émotions. Les éléments couplés à la numérologie nous permettent d'y apposer une signification personnalisée.

NUMÉROLOGIE

Les numéros ont leur propre symbolique dans le système du tarot. En combinant la numérologie et les domaines, on peut tirer des interprétations cohérentes.

Le bouton *start*	**1**	Nouveau * Opportunité * Potentiel * Vitalité
Le Checkland	**2**	Union * Dualité * Préparation * Équilibre
Le Big Bang	**3**	Créativité * Dynamique * Résultat * Communication
Carré dans l'axe	**4**	Stabilité * Discipline * Fiabilité * Limites
Le caméléon	**5**	Adaptabilité * Crise * Changement * Envie d'évolution
Le « on l'a fait »	**6**	Harmonie * Réussite * Paix intérieure * Protection
Le déter	**7**	Action * Rêves * Triomphe * Jusqu'au bout
Le « on lâche rien »	**8**	Perfection * Persévérance * Réceptivité
Le double effet Kiss Cool	**9**	Compréhension * Réalisation * Confiance (ou pas)
Le *done*	**10**	Fin ou début * Mission accomplie

Ainsi, lorsque nous tombons face à une carte numérale, notre réflexe sera d'identifier à quel domaine correspond la carte et quel numéro lui est associé, pour une équation des plus logiques.

PERSONNAGES DE COUR

Les personnages de cour représentent les différents types d'attitudes et de personnalités. Traditionnellement, on a trois figures masculines et une seule féminine ; il s'agit d'énergies, non de genres à proprement parler. C'est pourquoi on parle de « comportements » plutôt que de « personnes ».

VALET	CAVALIER	REINE	ROI
START Enfant	**ACTION** Adolescent & jeune adulte	**FEEL** Adulte	**BUILD** Adulte
* Simple * Découvre * Au service * Apporte un message * En apprentissage * Immature	* Courage * Maîtrise & agit * Manque encore un peu de maturité * Dévoué * Combattant	* Compréhension * Autorité passive * Réceptivité * Aimante * Créative * Qualité de l'élément	* Pouvoir * Autorité active * Responsable * A de la bouteille * Charisme * Force dynamique

Mantra pour chaque personnage de cour et leurs éléments

Valet de Bâtons ♥ Je désire et je crée	**Cavalier de Bâtons** ♥ Je suis *on fire* et j'y vais à fond	**Reine de Bâtons** ♥ Je sais ce que je veux et l'obtiens	**Roi de Bâtons** ♥ J'entreprends et dirige avec passion
Valet de Coupes ♥ Je ressens et suis connecté·e	**Cavalier de Coupes** ♥ J'offre et je défends ce qu'il y a de plus pur	**Reine de Coupes** ♥ Je ressens et comprends sans mots	**Roi de Coupes** ♥ J'ai du self control et dirige avec le cœur
Valet d'Épées ♥ Je questionne et j'apprends	**Cavalier d'Épées** ♥ Je sais et partage ce savoir avec conviction	**Reine d'Épées** ♥ Je pense avec clarté et dissipe le doute	**Roi d'Épées** ♥ J'analyse et dirige avec ma logique
Valet de Deniers ♥ Je mets le doigt dessus et en fais quelque chose	**Cavalier de Deniers** ♥ Je tiens la distance et me mets au service de	**Reine de Deniers** ♥ Je prends soin et gère le quotidien	**Roi de Deniers** ♥ Je prospère et dirige avec mon portefeuille

Toutefois, il pourra arriver que, dans certains tirages, le personnage de cour puisse représenter aussi bien notre attitude que personnifier celle d'une autre. C'est un phénomène qu'on observe quand la personne à qui on tire les cartes reconnaît immédiatement son propre caractère, celle de son mec ou de sa meuf ou encore celle de son cochon d'Inde, par exemple.

EXEMPLE

* Quel est le problème ? Roi de Coupes.

* Si c'est moi = COMPORTEMENT : je suis en mode *poker face*, je ne laisse rien transparaître.

* Si c'est quelqu'un d'extérieur = PERSONNE : je reconnais ma moitié qui porte sur ses épaules la charge émotionnelle de la situation alors que c'est à moi de prendre mes responsabilités.

As de Bâtons

Motivation
Désir
Créativité

C'est ce qui te donne envie de te lever le matin (hors envie de faire pipi) ! Une motivation qui te confère autant d'énergie que nécessaire pour enchaîner des *burpees* à la salle de sport pour épater la galerie ? Ou est-ce un enthousiasme sincère à nourrir ?

POV : tu te fais un tirage avec ton crush Tinder et, quand il tire cette carte, tu lui demandes ce que ça lui évoque. Il te répond ceci : « C'est moi, le chef ! » Alors, oui, ma belle, tu lui plais. Mais cette affaire mérite peut-être encore de faire ses preuves car, une fois la température redescendue, où sera-t-il ?

Pour que la formule magique perdure, chanter « qu'on me donne l'envie, l'envie d'avoir envie » ne suffira pas, mais tout est possible !

Conseils

* Go!
* Prends les choses en main
* Motive-toi
* Rends les choses possibles
* Donne-leur l'envie

Punchline « C'est l'excitation qui fait naître la magie, et la persévérance qui la fait durer. »

Les PLUS

INSPIRATION, l'élan créatif qui arrive par magie
PROJET NAISSANT, combo énergie + idée au rendez-vous
ENTHOUSIASME, ton chien quand tu rentres du boulot
MOTIVATION, quelqu'un qui se lance dans la lecture de *One Piece*
ENVIE, être pris·e de désir pour sa moitié

Les MOINS

EXCÈS D'INVESTISSEMENT, le long SMS
COLÈRE, la réponse « OK »
TOUT FEU TOUT FLAMME, Harry tentant un *Wingardium Leviosa* pour soulever Hermione
ONE SHOT, déso, il·elle n'est pas là pour la partie de Monopoly
HYPERACTIVITÉ, Monique à l'aquagym matin, midi et soir

2 de Bâtons

Étude de faisabilité
Réflexion
Calcul

Entre ce que tu as envie et ce qui est possible, c'est parfois le jour et la nuit. Pour ça, prendre le temps de vérifier si on est suffisamment préparé·e sera nécessaire pour checker la corrélation avec le réel. Comme une étude de faisabilité qui nous permettra d'esquiver le plat dans une piscine.

POV : tu hésites à t'engager dans une relation ou à te lancer dans un business, c'est qu'il est peut-être temps de faire un *swot* (rendez-vous page 192).

Parfois, le perfectionnisme peut avoir des vertus : celle d'inspecter sous toutes ses coutures un truc qui pourrait nous mener à la faillite. S'il ne faut pas confondre vitesse et précipitation, encore faut-il avoir le temps pour ça…

Les PLUS

ANALYSE POUSSÉE, être prévoyant·e et réfléchir à tout avant la décision
COLLECTE D'INFOS, même Ipsos est choqué
POUVOIR PERSONNEL, des capacités qu'on prend soin d'utiliser à bon escient
VISION, peut conquérir le monde à lui ou elle tout·e seul·e
INVENTIVITÉ, un agent immobilier balèse pour te projeter dans une bicoque

Les MOINS

EXIGENCE, les acheteur·euse·s sur Vinted qui chipotent sur le bon état et le très bon état
AMBITION DÉMESURÉE OU IRRÉALISTE, style exporter Justin Bridou à Dubaï
INDÉCISION, ne sait jamais quoi manger
PESSIMISME, trouve des scénarios catastrophes même dans les comédies romantiques
RÉTICENCE À PASSER À L'ACTION, en mode comparateur·rice de vols qui ne réserve jamais

Conseils

* Projette-toi
* Évalue avant d'agir
* Étudie toutes les options
* Prépare ton plan
* Laisse ta créativité t'ouvrir d'autres horizons

Punchline

« Sans stratégie, pas d'échec et mat. »

3 de Bâtons

Essor
Exploration
Action

C'est le moment où tu te dis que tu veux aller plus loin. Surfer sur une vague à Nice, si tu t'appelles Brice ; conquérir Pamela, si tu t'appelles David Charvet. Le fait est qu'on a suffisamment étudié la situation pour savoir ce dont on a envie et, surtout, qu'on est potentiellement capable d'aller plus loin. *UNSTOPPABLE*.

POV : on te refuse ton augmentation, tu hésites entre t'ouvrir à d'autres perspectives ailleurs et networker directement avec ton N+4. Quoi qu'il arrive, tu es déterminé·e à ne pas rester sur la touche. La stagnation, très peu pour toi.

Un voyage n'est pas forcément une aventure. S'il est préparé, il peut être une révélation. Encore faut-il avoir le courage de la vivre.

Conseils

* Ouvre-toi à d'autres horizons ou aux autres
* Va de l'avant
* Montre que tu n'as pas peur, tu peux le faire
* Poursuis sur ta lancée
* Conquiers l'autre partie

Punchline

« À "Action ou vérité", on préférera l'action. Est-ce que la vérité nous motive pour l'action ? »

Les PLUS

AVENTURE, faire de la téléréalité pour développer sa notoriété
EXPANSION, développer son réseau de succursales
AMBITION, la·e stagiaire qui *target* ta place chez la·e concurrent·e
DÉCOUVERTE, ouverture d'esprit et curiosité
CONFIANCE, une femme déguisée en dinosaure qui vient te draguer à Halloween

Les MOINS

VOIR (TROP) GRAND, réserver une villa pour deux personnes alors que t'es au Smic
JUSQU'AU-BOUTISTE, va jouer le tout pour le tout, sur un malentendu, ça peut marcher
EXCÈS DE CONFIANCE, mettre « anglais courant » sur son CV et prendre le risque de se faire tester en entretien d'embauche
QUÊTE DE POUVOIR, se présenter en tant que délégué·e pour ne défendre que ses propres causes
PERSPECTIVES FLOUES, vouloir devenir footballeur·euse professionnel·le et n'avoir jamais joué au foot

4 de Bâtons

Stabilité
Engagement
Célébration

Quelle joie d'avoir enfin trouvé dans quoi s'engager et surtout d'avoir envie d'y rester. L'envie et le désir de stabilité sont suffisamment forts pour créer un engagement qu'on espère durable.

POV : tu tires cette carte pour la cérémonie d'ouverture de ton *yoga teacher training*, les fleurs, la responsabilité, la célébration de ton entrée sur la voie du yoga. Tout y est.

Signer un contrat ne garantit pas un résultat, mais remplir les obligations qui nous y lient peut le favoriser. Encore faut-il les avoir choisies avec soin.

Les PLUS

ENGAGEMENT, les douze mois qui te lient à ton forfait téléphonique
SIGNATURE, pour tout contrat officialisant un mariage, un crédit, une adhésion à la CGT, un travail
FIESTA, on y célèbre l'amour de la merguez
DÉSIR, renforcé et stable
SUCCÈS, célébration de l'aboutissement d'une quête

Les MOINS

SE RÉJOUIR TROP VITE, se féliciter sans avoir encore rien signé
PRENDRE À LA LÉGÈRE OU TROP AU SÉRIEUX, vaguement surveiller tes nièces à la piscine
TROP SOLENNEL, « selon les termes du contrat… »
ENFERMANT, interdiction de manger des merguez chez le voisin
DANS LA RETENUE, ne pas oser faire du neuf de peur de dénoter

Conseils

* Engage-toi
* Officialise
* Signe le contrat
* Organise une bringue pour marquer le coup
* Associe-toi (mais pas avec le cafard)

Punchline

« Quand tu trouves ce qui te plaît, pas besoin de chercher plus loin. »

5 de Bâtons

Le sbeul
La compète
Le conflit

Si tu pensais être seul·e sur le dossier, tu te fourres le doigt dans l'œil jusqu'au coude. C'est comme sur les réseaux sociaux. Tout le monde est gonflé à bloc, mais est-ce celles·ceux qui ont la plus grosse qui réussissent ? À ce stade, on ne sait pas. En revanche, on ne peut pas remettre en question la motivation des autres qui vient challenger la nôtre.

POV : tu veux être comme Barbie. Pilote de ligne, vétérinaire et président·e des USA à la fois. Mais t'as peur des avions, des animaux et des armes à feu. Il s'agira de faire un peu le tri dans ses choix de carrière et de se rappeler qu'il n'y a que vingt-quatre heures dans une journée.

On peut être en rivalité mais, parfois, c'est en nous que la rivalité s'installe. Ça part dans tous les sens entre tous nos désirs. Au final, que veut-on vraiment ?

Conseils

* Défends ta croûte
* Brainstorme
* Exprime ton point de vue
* Écoute tes sens

Punchline

« Si Chaos a réussi à être un dieu grec, imagine ce que tu peux accomplir. »

Les PLUS

ÉMOUSTILLÉ·E, des paires de chaussettes multicolores qui nous stimulent
DIVERSITÉ, les Apéricubes® à l'apéro
CHALLENGE SAIN, la compétition au boulot pour gagner le dernier éclair au chocolat à la cantine
POURPARLERS, suffisamment stimulants pour faire avancer le débat
BRAINSTORMING, les idées fusent dans la pièce

Les MOINS

ÉPARPILLEMENT, être au four et au moulin sans pouvoir manger de pain
CONFLIT, désaccord gentillet mais personne ne lâche rien
DISTRACTION, les notifications qui te chatouillent la concentration
TIRAILLEMENT, vouloir faire le concert d'Aya Nakamura en même temps que celui de Beyoncé
JALOUSIE, faire un *nail art* plus beau que la voisine juste pour l'embêter

6 de Bâtons

Winner
Leader
Reconnaissance

Quand tu réussis avec brio une mission qui n'était pas gagnée d'avance et pour laquelle tu t'es distingué·e face aux autres. La volonté, l'expérience ont donné un cocktail gagnant pour son champion.

POV : tu rentres de ton rencard avec la star du lycée. Tous·tes tes potes t'accueillent en héros·oïne. Ils trépignent d'impatience d'entendre le récit du ou de la guerrier·re, qu'ils respectent comme le·a chef·fe de la bande pour ses prouesses incroyables.

Faire ses preuves, démontrer son courage, c'est ainsi qu'on met tout le monde d'accord et qu'on rallie les autres à sa cause.

Les PLUS

RÉUSSITE, tirer la plus longue au jeu de la courte paille
RESPECT, une mère revenant avec un paquet de papier toilette pendant le confinement
LEADERSHIP, prendre la tête de la chorale
LÉGITIMITÉ, témoigner sur la maternité avec trois accouchements sans péridurale à son actif
FIERTÉ, pour soi et les autres par la suite

Les MOINS

MANQUE D'HUMILITÉ, se croire plus fort·e juste parce qu'on a une ceinture noire au karaté
ABUSE DE SA POSTURE, oblige son petit frère de 5 ans à essuyer la vaisselle
SE REPOSER SUR SES LAURIERS, les enseignes qui n'ont pas pris le virage du digital
RECHERCHE DE RECONNAISSANCE, ton mec dès qu'il fait la vaisselle
S'ACHARNER, veut garder le pouvoir alors que le peuple ne veut plus de lui

Conseils

* Sois fier·ière, prends confiance
* Lâche rien !
* Montre l'exemple
* Comporte-toi en leader
* Mobilise ta *team*

Punchline

« La·e chef·fe s'auto-proclame, le leader se fait propulser par les autres. »

7 de Bâtons

La niaque
Déter
Défi

Il y aura toujours quelqu'un pour te mettre au défi et vérifier si ta motivation est bien présente. Quand on est efficace, il est tentant pour les autres de venir nous solliciter pour qu'on les aide à réaliser ce qu'ils désirent… avant ce que tu désires, toi. Or, cette carte est une invitation à se faire passer en priorité.

POV : tu rentres de congés et tou·te·s tes collègues te tombent dessus. Poli·e, tu remercies tes interlocuteur·rice·s et signifies que tu reviendras vers eux sous quarante-huit heures pour cause de jetlag. Tes priorités avant les leurs.

La détermination, c'est ce qui nous fait tenir debout quand on a l'impression de s'effondrer. Nos ressources sont bien plus grandes qu'on ne le croit.

Conseils

* Lâche rien
* Joue le tout pour le tout
* Dis non
* Assume
* Défends ta position

Punchline

«Refuser un dernier verre au coucher assure une peau éclatante et un foie en bonne santé au lever.»

Les PLUS

DÉTERMINATION, tes défenses immunitaires en pleine épidémie de gastro
CONVICTION, porter un projet de triporteur à café dans une zone commerciale
FIXÉ·E SUR L'OBJECTIF, avoir le sens des priorités
PROTECTION, le dispositif de camouflage protégeant le Wakanda
COURAGE, porter le claquettes-chaussettes quand c'était pas à la mode

Les MOINS

DÉFENSE EXCESSIVE, le panneau sens interdit sur ta porte de chambre d'adolescent·e
INFLEXIBILITÉ, Patrice au service passeport de la mairie
AGRESSIVITÉ, un chien quand tu t'approches un peu trop près de ses croquettes
OPPOSITION, ta sœur qui refuse catégoriquement que tu viennes taper dans son dressing
PERTE D'ÉNERGIE, se trompe de combat

8 de Bâtons

Speed
Action
Fluide

Parfois, les choses vont trop vite sans qu'on sache vraiment pourquoi. Ça nous pousse à envoyer le premier message, à accepter un poste qui n'a rien à voir avec nos compétences ou à nous inscrire à un atelier de poterie. Comme les réflexions spontanées d'un·e enfant un peu trop honnête et sans filtre, on sait que l'action vient du cœur.

POV : t'as même pas eu le temps d'essayer que t'avais dégainé ta CB, que cette robe à paillettes était déjà sur ton fessier. Tu sais que ta·ton + 1 va hurler « encore ! », mais c'est la robe à paillettes qui choisit sa·son propriétaire.

Même un mentaliste analyseur de comportement n'aurait rien à dire sur la spontanéité du geste. Si la vitesse peut être effrayante, le fait que tout aille dans la même direction pourrait presque suffire à nous rassurer !

Les PLUS

VITESSE, Flash McQueen sur la piste
SPONTANÉITÉ, le « oui » qui vient du cœur
FLUIDE, comme une robe d'été
STIMULATION, Olivier Rousteing qui crée chez Balmain
ACTION IMMÉDIATE, liker, commenter, partager ce qui nous fait kiffer

Les MOINS

COUP DE TÊTE, partir en week-end en Bretagne en 2 CV
PRÉCIPITATION, quitter un boulot sans en avoir un autre derrière
ÉPHÉMÈRE, une nuit formidable mais une suite en solo
URGENCE, attention à ne pas la·e laisser te passer sous le nez
FREESTYLE, sauf que tu ne sais pas si c'est un freestyle de hip-hop ou de danse orientale

Conseils

* Dis-lui tout de go, exprime-toi librement
* Saisis l'opportunité
* Arrête de te poser des questions, passe à l'action
* Dis « oui » !
* Fonce

Punchline

« La vitesse de la lumière nous y mène, mais attention à ne pas prendre feu en route. »

9 de Bâtons

Challenge
Dernière étape
Sur la défensive

C'est cette situation où clairement tu douilles, mais qu'il est hors de question d'abandonner. On s'est trop investi·e pour tout faire foirer maintenant. On protège son intimité comme on défend ses positions. Dans cette situation, notre volonté est notre pilier.

POV : tu as bossé pendant des mois sur ton entreprise de cupcakes et, avant même que tu rentabilises ton affaire, un·e nouveau·elle concurrent·e débarque dans ta ville. Réinventer ta vitrine pour la rendre plus attractive et tenir bon sont tes seules options.

C'est le dernier challenge à relever. Il est tentant de lâcher dans la dernière ligne droite, mais on aurait tort de le faire car nos efforts pourront payer. De toute façon, si on n'essaie pas, on n'en aura jamais le cœur net.

Conseils

- Accroche-toi, courage
- Sois patient·e
- Garde l'espoir
- *Challenge accepted*
- Surveille tes arrières

Punchline

« Au pire, t'échoues, tu recommences, mais si t'essaies pas, tu ne réussiras que partiellement. »

Les PLUS

COURAGE, en dépit de l'adversité « j'reste debout »
PRUDENCE, prend ses précautions en traversant le pédiluve
DÉFI QUI NOUS FAIT GRANDIR, Lady Gaga, de stripteaseuse à star interplanétaire
AUTODÉFENSE, aptitude à pratiquer le kung-fu en cas de besoin
FORCE, une mère qui porte seule sa poussette dans les escaliers du métro

Les MOINS

FATIGUE, un·e étudiant·e en période d'examens
LE SEUM, une copine qui préfère passer ses vacances avec une autre que toi
ÊTRE DÉPASSÉ·E, un père face à ses enfants en crise d'adolescence
PEUR D'ÉCHOUER, une mini-miss avant son concours de beauté
PARANO, pense que tout le monde veut sa tête

10 de Bâtons

BDR (bout du rouleau) Jusqu'au-boutiste Trop (tout court)

Tu as beau être super organisé·e et avoir une motivation à toute épreuve, force est de constater que même Wonder Woman finirait avec un lumbago à force de tirer sur la corde. Quand tu veux trop en faire, personne n'ira t'arrêter. Ça arrange les fainéants mais pour toi, c'est usant.

POV : tu es en reconversion professionnelle, tu as un contrat de quinze heures au McDo, tu es présidente du club de roller derby de la ville, t'as un chat et un·e partenaire. Ça fait beaucoup, mais hors de question de donner raison à ta mère, tu adores ta vie (un peu trop remplie), un point c'est tout.

Si tu continues, rappelle-toi pourquoi tu le fais mais garde en tête que, dans ce rythme infernal, ton corps sera probablement ta limite.

Les PLUS

JUSQU'AU-BOUTISTE, Sam qui ramène tou·te·s les alcoolisé·e·s de la soirée
ÉPAULES SOLIDES, Bruce Wayne combat seul le crime la nuit à Gotham City
INVESTI·E, être bénévole sur un événement et gérer plus que prévu
RESPONSABLE, un·e chef·fe d'entreprise qui fait le commercial, les RH et la comptabilité
RÉSILIENCE, avoir la force de continuer parce qu'on sait que ça va payer

Les MOINS

TROP DE RESPONSABILITÉS, vouloir tout gérer plutôt que déléguer
SATURATION, l'espace de stockage de ton téléphone, jamais assez grand
PRESSION sociale, professionnelle, familiale, etc.
SURMENAGE EN COURS DE TÉLÉCHARGEMENT, pour l'instant tu tiens mais pour combien de temps ?
STRESS, résultante d'une vie dans une usine en sous-effectif

Conseils

* Reconnaître ses limites
* Assume, OK, mais fais gaffe à toi
* Prends le dossier en main
* Rassemble tes forces
* Gère la situation

Punchline

« Se charger provisoirement pour mieux s'alléger plus tard. »

Valet de Bâtons

Enthousiasme
Curiosité
Prometteur

Il y a des situations qui te mettent dans un état d'excitation que tu ne saurais expliquer : curiosité ou envie de titiller l'autre ? La seule certitude, c'est ton envie d'aller à fond faire cette découverte car elle semble prometteuse pour toi et selon toi. Souviens-toi que la magie réside dans l'opportunité de rendre le commun fantastique.

Profils

JULIEN, 15 ans, qui découvre les joies d'une sexualité autonome
UNE PERSONNE UN PEU MALADROITE, brûlant de désir pour une autre
ROGER, coiffeur depuis trente-cinq ans, se chauffe pour effectuer sa reconversion professionnelle en maître Reiki

Conseils

* Amuse-toi
* Va vers ce qui te plaît
* Prends le temps de faire connaissance (avec une personne/un sujet)
* Motive-toi, il y a du potentiel en toi
* Explore sous toutes ses coutures cette aventure

Punchline

«Sans bêtises, pas d'expertise !»

Les PLUS

MOTIVATION, ouvrir une chaîne YouTube et travailler sur sa première vidéo à poster
EXPLORATION, le premier homme sur la Lune (la vraie)
BONNE VOLONTÉ, ton fils de 6 ans qui t'aidera à passer l'aspirateur pas branché
ÉNERGIE DE LANCEMENT, le premier jour de travail d'une hôtesse d'accueil
INSPIRATION, toi avec ton nouveau tarot qui lis ce livre

Les MOINS

INSOUCIANCE, ne tiendra pas la distance
INTRUSIF, la·e coloc qui entre dans ta chambre sans frapper
OBSESSION, focus sur son truc et occulte le reste
SUPERFICIALITÉ, oublie ton prénom mais veut quand même ton bénéf
MANQUE D'INVESTISSEMENT, laisse au stade de projet

Cava-lier
de Bâtons

Intense
Hot
Tête brûlée

Quand tu sais que tu as une carte à jouer, pourquoi hésiter ? On y met toute son énergie pour envoyer du lourd. L'élan passionnel sera un premier investissement dont la fougue aura du mal à être égalée tant l'ambiance est électrique de par ton intervention. Donne-lui un goût de reviens-y !

Les PLUS

FOUGUE, l'amant incroyable
AVENTURE, se lance dans n'importe quelle carrière sans problème
***FULL* ÉNERGIE**, entre batterie chargée à 100 % et magnétisme irrésistible
GRANDE FORCE, soulève plus que le plus gros golgoth de ta salle de gym
MOTEUR, Walt Disney bien décidé à faire vivre la magie *EVERYWHERE*

Les MOINS

IMPULSIVITÉ, insulte sa mère, c'est coup de pied frontal direct
INSENSIBILITÉ, disons que les mièvreries, c'est pas son truc
ÉPARPILLEMENT, aime aimer plusieurs poulains à la fois
COMPÉTITION, veut avoir la plus grosse… collection de cartes Pokémon
IMPATIENCE, c'est oui, c'est non, basta, la négociation, sans façon

Profils

UN TAXI-DANSEUR qui fait bouger tous les gens de la soirée et enflamme le dancefloor
MAURAD, chaud lapin, expert en désir, mais hypocondriaque de la relation
UNE COMBATTANTE DE MMA qui entre dans la cage, prête à en découdre

Conseils

- Fonce, tu réfléchiras après
- Mets un coup de nitrite, fais-nous une *Fast and Furious*
- Va au strike
- Canalise ton énergie dans une direction, donne tout
- Sois fort·e !

Punchline

« Utilise l'énergie de ta·ton coach de CrossFit pour la·e surpasser (ou lui grimper dessus). »

Reine
de Bâtons

Charme
Magnétisme
Détermination

Plus tu sais ce que tu veux, plus tu assumes. Le tri naturel se fera. Les dégonflé·e·s dégonfleront et partiront. Les autres s'inspireront et/ou t'aideront à réaliser tes souhaits, car ton assurance aura su les convaincre que ce que tu proposes est super. Savoir ce qu'on veut, être ce qu'on pense, et s'en foutre de faire l'unanimité, c'est séduisant et le tout sans forcer.

Profils

ALAIN, professeur de chimie, vingt ans de carrière et une moyenne de classe à 14/20 qui a su inspirer les jeunes
UNE DANSEUSE au look impeccable, qui sait faire monter la température en un regard
UN·E DÉV en entretien d'embauche, qui n'a pas besoin de négocier son salaire auprès du recruteur, du fait de son statut de licorne (= profil recherché)

Conseils

* Assume cette part de toi qui te rend irrésistible
* Prouve que tu es la personne de la situation
* Inspire-les
* Fais le point sur tes souhaits et assume-les

Punchline

«La confiance en soi, c'est l'estime de soi qui transpire.»

Les PLUS

SÉDUCTION, personnalité attractive (et c'est pas forcément lié au physique)
CRÉATIVITÉ, avant-gardiste inspirant·e qui sait se renouveler
CHARISME, aura naturelle
VOLONTÉ, affirme sans détour et surtout sans s'imposer
CONFIANCE EN SOI, ne se fait jamais recaler pour entrer en boîte

Les MOINS

MANIPULATION, va complimenter dans le but d'obtenir des bénéfices
IMBU·E D'ELLE OU DE LUI-MÊME, croit *dead* ça alors que c'est une attitude de *basic bitch*
CHARMEUR·EUSE FORCEUR·EUSE, insiste pour covoiturer avec ton partenaire pour descendre au Portugal
ÉGOCENTRISME, ne partagera jamais son dessert
EXCÈS DE CONFIANCE, surévalue son potentiel

Roi de Bâtons

Visionnaire
Pouvoir
Maturité

Quand le talent et le charisme se rencontrent, forcément, c'est pour passer au niveau supérieur. Ce qui te rend unique se trouve naturellement exploité par tes soins et pour tes soins. Tout est réuni pour prendre du galon.

Les PLUS

ENTREPRENARIAT, a la carrure de chef·fe d'entreprise
VISION, a de la suite dans les idées
LEADER, a toutes les qualités de la personne à *follow*
EXPÉRIENCE, sait de quoi il·elle parle
CHARISME D'AUTORITÉ, une légitimité qui œuvre pour elle·lui

Les MOINS

DOMINATION, veut être la·e *player one*
EXCÈS DE CONFIANCE EN SOI, s'investit dans des business les yeux fermés
CALCUL, veut du résultat avant tout
PAS PSYCHOLOGUE, profil école de commerce
PAS FAIR-PLAY, change les règles du jeu au poker ou les rend volontairement floues

Profils

RUPAUL est passé de drag-queen à reine du *game* en développant l'univers par ses actions
UNE NAGEUSE D'EXCEPTION qui gagne toutes ses compétitions et est égérie d'une marque
UN POTIER qui ouvre une boutique, puis deux, et finit par créer un réseau de franchisés

Conseils

* Vois plus loin, plus grand et affine ta vision
* Prends les choses en main
* Sois attentif·ive à ce que tu peux faire grandir
* Adopte une position à responsabilités
* Focus la tension sur ton art afin de le transformer

Punchline

« Ne sois pas modeste, sois légendaire ! »

As de Coupes

Amour
Pureté
Don

Son nectar est aussi doux qu'un smoothie fraise-banane. Mais si tu ajoutes un ingrédient non naturel, tu perds de l'authenticité et file droit vers le débordement. C'est un élan du cœur, un acte désintéressé, car le son « boom boom » nous a guidé·e·s. Ou peut-être est-ce autre chose ? Le divin ?

POV : tu te sens As de Coupes, aujourd'hui. Tu hésites entre dire à tes proches que tu les aimes ou faire une prière pour les protéger. Quoi qu'il arrive, l'amour sera au cœur de cette magnifique journée.

Une rencontre tu feras et ton cœur s'ouvrira. Les sentiments, ça ne se contrôle pas. On peut être tout chamallow dans le bon sens du terme comme dans le moins cool. Si le chamallow est mis au-dessus du feu, il fond. Les gourmand·e·s diront qu'il est toujours aussi doux et sucré. Mais la vérité, c'est que le chamallow souffre, il pleure, respectons les chamallows d'autrui.

Conseils

- Aime
- Ouvre-toi
- Donne
- Exprime
- Garde la foi

Punchline

« Une gentillesse tu recevras, une gentillesse tu rendras. »

Les PLUS

OPPORTUNITÉ ÉMOTIONNELLE OU SPIRITUELLE, tout pour le *love*
SINCÉRITÉ, un mec amoureux, une BFF qui bitche pas sur toi, un collègue qui t'apporte un café tous les matins
NOUVEL ÉPANOUISSEMENT, ça se présente, ça s'accepte
SPIRITUALITÉ, partager sans crainte car en paix avec soi-même
CADEAU, celui qui vient du cœur

Les MOINS

CANDEUR, penser que le monde n'est pas méchant (alors qu'il l'est)
REFOULEMENT, ne pas s'écouter alors qu'on te fait « bouh » et tu pleures
GÉNÉROSITÉ EXCESSIVE, laisser ton lit aux invité·e·s et dormir sur ton tapis de yoga
EXIGENCE DANS LA CONNEXION AUX ÉMOTIONS, si la personne ne pleure pas durant un film triste, tu la chasses
DÉBORDEMENT D'ÉMOTIONS, quand t'en as gros sur la patate

2 de Coupes

Rencontre
Respect
Compréhension

Quand tu joues cartes sur table sans filtre ni apparat, c'est à ce moment-là qu'on entend le « deal » retentir. Que ce soit au niveau pro ou au niveau perso, ça fonctionne, parce qu'on a été vrai·e.

POV : ta sœur te présente son copain à Noël. Comme toi, il est passionné de trains électriques. Vous concluez de vous revoir tous les dimanches. Définitivement, elle gagne ton respect éternel pour cette rencontre qualitative.

Traiter de la même manière le PDG et l'homme de ménage, c'est être dans une démarche de « nous sommes tous égaux », sauf les gens ayant une génétique qui passent entre les balles du temps des rides, eux, c'est un peu à part.

Les PLUS

RENCONTRE, amoureuse, amicale, professionnelle
ÉCOUTE, les trois heures de conversation téléphonique la tête dans le vide sur ton lit
RESPECT, écouter attentivement, ne pas couper la parole et la considérer
PARTAGE, diviser en deux la dernière chips chinoise au restaurant
PARTENARIAT, s'associer à quelqu'un qu'on comprend et qui nous comprend

Les MOINS

ROBIN DES BOIS, veut faire régner l'équité dans ce monde ingrat
FORCER LA COMPRÉHENSION, ta mère qui te force à te réconcilier avec ton frère
JOUE SUR LA CORDE SENSIBLE, les gens dans la rue pour les associations humanitaires alors que t'es pressé·e
INTOLÉRANCE, les défenseur·euse·s de causes nobles qui frôlent l'extrémisme si le respect n'est pas au centre du débat
EXCLUSIVITÉ, ne partage ses chewing-gums qu'avec les membres de son *crew*

Conseils

* Va vers l'autre
* Écoute
* Accorde-toi avec l'autre
* Trouve des intérêts communs
* Conclus un *deal*

Punchline

« Sur une échelle de 1 à 10 pour mesurer le respect, 10, c'est le minimum. »

3 de Coupes

Amitié
Bringue
Cohésion

Les *happy hours*, la signature d'un contrat, l'arrivée dans le FC Célibat, tout est prétexte à célébrer avec ses potes. Peu importe le sujet. De toute façon, on choisit aussi ses ami·e·s pour partager dans la convivialité. Tout est prétexte à se réjouir ensemble. Ça fait plaisir.

POV : tu obtiens ton brevet de nage libre et tu pars célébrer l'exploit d'avoir nagé 50 mètres après quarante ans de phobie de l'eau. Pour l'occasion, on trinque à ta réussite !

On peut se féliciter seul·e, mais avouons que c'est plus sympa de partager notre bonheur avec les gens qu'on estime. La joie se partage.

Les PLUS

JOIE, réussir à obtenir des billets pour le concert de sa star préférée
CÉLÉBRATION, une nouvelle qui nous réjouit et qu'on fête
CONVIVIALITÉ, une soirée raclette
AMITIÉ, une partie de *Fifa* entre potes
COHÉSION, un *team building* qui rapproche

Les MOINS

TROUPLE, bourbier non désiré (si le modèle est conforme à nos attentes, ça passe en positif)
POTE ENVAHISSANT·E, regarde jusqu'à épuisement des programmes animaliers nocturnes
UNE VIE *que* de fêtes et toutes ses dérives…
RÉJOUISSANCES PRÉMATURÉES, rien n'est signé qu'on fait déjà la fête
SUPERFICIEL, les copines de soirées à qui tu ne peux pas te confier

Conseils

* Félicite-toi (ou les autres)
* Amuse-toi
* Crée du lien
* Partage
* Fais du *networking* en mode chill

Punchline

« Un barbecue entre ami·e·s rendrait riche n'importe qui. »

4 de Coupes

Calme
Aveuglement
Boring

Si tes émotions sont stables, tu es tel le yogi dans l'équanimité. Aucun événement ne saurait mettre le bazar au milieu de cette méditation longue durée. Toutefois, si ce plat présage un calme un peu trop suspect, le doute du « Qu'est-ce que je fais là ? » ou, pire, l'ennui risque vite de pointer le bout de son nez.

POV : ton célibat te pèse et tu te plains qu'il ne se passe rien dans ta vie sentimentale. Or, tu refuses toutes les invitations de tes potes et ta·ton BFF est secrètement amoureux·euse de toi. Ce qui n'est un secret pour personne sauf pour toi.

Parfois, on a l'impression qu'il ne se passe rien, et qu'aucune opportunité ne se présente à nous, alors qu'elle était sous notre nez depuis le départ.

Les PLUS

CALME, même les mouches ont renoncé à péter
STABILITÉ ÉMOTIONNELLE, en couple depuis cinq ans, la routine est sécurisante et les sentiments sont sincères
PEACE, tranquille à l'intérieur, et ça se voit à l'extérieur
CADEAU, une main tendue qu'on pourrait occulter mais qui est bien présente
PAUSE, moment de méditation et d'introspection

Les MOINS

ENNUI, en couple depuis cinq ans, OK, mais cette fois-ci, il ne se passe rien
AVEUGLEMENT, refus de voir l'éléphant au milieu de la pièce
IMMOBILISME, une carrière chiante comme la pluie et qu'on ne cherche pas à faire évoluer
ZÉRO PRISE DE RISQUE, ne tente même pas le bilan de compétences de peur de devoir sortir de sa zone de confort
FLEMME, se faire livrer à domicile

Conseils

* Calme-toi
* Pas bouger
* Relativise
* Ouvre les yeux
* Médite deux fois plus

Punchline

« L'ennui cache parfois un miracle créatif. »

5 de Coupes

Deuil
Tristesse
Regrets

Regretter de ne pas avoir répondu une phrase intelligente, pour faire fermer son caquet à l'autre imbécile, ne te fera pas remonter dans le temps. Les choses sont ce qu'elles sont, apprendre à accepter qu'une repartie ne se commande pas et qu'on fera mieux la prochaine fois semble être la meilleure option.

POV : t'as dû fermer ton association, mais tu continues à œuvrer dans le milieu.

La tristesse ne saurait être refoulée, elle fait partie du deuil et évite de passer par la case déni. C'est un processus qui nous emmène vers la suite de l'aventure.

Conseils

* Pleure (oui, vraiment)
* Fais une rétrospective : quelle leçon en tires-tu ?
* Laisse tomber, tourne la page
* Exprime ta peine
* Excuse-toi

Punchline

« Une déception s'accompagne toujours d'une libération. »

Les PLUS

SALVATEUR, un mal pour un bien : la dissolution d'une organisation défaillante
DEUIL, processus enclenché et en cours de progression
GUÉRISON, s'être fait à l'idée que le passé nourrit notre identité
PARDON, le demander ou l'accorder même si c'est douloureux
LEÇON, tirer la queue d'un chat et se faire griffer

Les MOINS

TRISTESSE, petit cœur brisé après amourette ou grand amour
ÉCHEC, être refusé·e à un casting
DÉNI, toi, persuadé·e que vous vous retrouverez plus tard alors que c'est juste *dead*
ÊTRE BLOQUÉ·E DANS LE PASSÉ, une mère qui voit son fils de 35 ans comme un petit garçon
IMPUISSANCE, Katie Holmes face à Tom Cruise et la scientologie

6 de Coupes

Innocence
Gentillesse
Nostalgie

Qu'importe les hauts ou les bas du passé, ce ne sont que les bons souvenirs que ta mémoire préfère garder. Derrière chaque action, un cœur sincère se sera exprimé, et c'est ce qui mérite de rester au présent.

POV : une personnalité fait une conférence, puis donne des conseils à un·e jeune qui lui rappelle elle-même, jeune. Elle partage avec elle·lui toutes les ficelles du métier sans crainte qu'un jour l'élève dépasse le maître.

La gentillesse est une qualité sous-côtée qu'on peut se permettre si nos intentions sont pures. Cela peut être du soutien ou un amour sincère. Dans les deux cas, la vulnérabilité est une force.

Les PLUS

GENTILLESSE, une personne qui te file sa boîte de Tic Tac® pour ton rencard
DOUCEUR, un geste de soutien
PROTECTION, la·e pote qui surveille tes arrières
NOSTALGIE, le concert de Mariah Carey comme madeleine de Proust
DON, donner ses jouets à une association caritative

Les MOINS

FLEUR BLEUE, la naïveté qui fait de toi un paillasson
PASSÉ IDÉALISÉ, une nana toujours en crush sur son ex toxique
KARMA, une répétition du passé
VOULOIR FAIRE PLAISIR À TOUT PRIX, Oui-Oui dans son taxi en banqueroute
IRRESPONSABLE, accepte le Kinder Pingui® des inconnus

Conseils

* Mets de la douceur
* Fais un geste
* Offre ta protection
* Souviens-toi
* Aime avec sincérité

« Grandir de partout mais garder son cœur d'enfant : la pureté des sentiments. »

Punchline

7 de Coupes

Imagination
Choix (trop)
Illusion

Qu'est-ce qui est plus désirable qu'un fantasme ? Parfois, c'est de la poudre de perlimpinpin. Parfois, c'est trop de choix tue le choix. Mais dans les deux cas, il y a de quoi s'inspirer.

POV : c'est ton premier jour de boulot et tu fais semblant de tout comprendre alors que tu as inventé la moitié des compétences sur ton CV. Tu comptes capitaliser sur ta créativité pour passer la période d'essai.

Veiller à ce que la stimulation ne nous berce pas d'illusions, car si rêver est utile, ne pas se noyer dedans, c'est mieux.

Les PLUS

CHOIX, la vitrine d'une pâtisserie
INSPIRATION, un défilé de Jean-Paul Gaultier
STIMULATION, motiver sa moitié à se lever avec l'odeur des tartines et du café
FANTASMES, des *nudes* pas trop *nudes* mais suffisamment pour faire le taf
IMAGINATION, les studios Pixar à l'œuvre

Les MOINS

ILLUSION, la disquette option poudre de perlimpinpin
CHOIX, le trop qui nous paralyse
INDÉCISION, une personne séduisante qui hésite entre plusieurs partenaires
RÊVES, être déconnecté·e de la réalité
DÉNI, se faire un film sur une idylle alors que c'est juste ton boucher

Conseils

* Observe bien toutes les options
* Rêve grand
* Sois créatif·ive
* Mets-en plein la vue
* *Showtime*

Punchline

« Sans Walt, pas de Disney, mais sans comptable, pas d'empire. »

8 de Coupes

Tourner le dos
Introspection
Ailleurs

Plus le temps passe, plus tu réussis à déterminer ce qui te fait du bien ou non. Plutôt que d'avoir mal à l'âme, on tourne les talons pour organiser cette rencontre qui nous apportera sérénité et alignement.

POV : tu fais Saint-Jacques-de-Compostelle, tu vas à La Mecque ou juste tu prends des vacances prolongées pour discuter avec toi-même et te recentrer.

« Soyez le changement que vous souhaitez voir à l'extérieur. » Et pour ça, on l'accepte, on laisse des comportements, des gens, des projets derrière nous pour réussir cette transformation qui passe d'abord par l'intérieur.

Les PLUS

PRISE DE RECUL, prendre des congés pour faire le point sur sa carrière
REMISE EN QUESTION, s'interroger sur ses actes
RENDEZ-VOUS AVEC SOI, développement personnel, retraite, yoga, religion
PHILOSOPHIE, comprendre qu'il vaut mieux s'éclipser sans *drama* pour trouver la *queen* (en soi)
CHANGEMENT, le bilan de compétences qui te fait passer de secrétaire à barmaid

Les MOINS

ÉLOIGNEMENT, plus fort qu'une distanciation sociale
ABANDON, taper la fuite pour sauvegarder ses intérêts personnels
HUÎTRE, un repli sur soi un peu excessif
DÉCOURAGEMENT, quand le ras-le-bol nous fait lâcher l'affaire
SOLITUDE, sur les traces de l'hermite, le vrai

Conseil

* Lis Lise Bourbeau
* Prends du recul, explore ailleurs
* Fais une retraite de yoga
* Fais la paix en toi
* Retire-toi du jeu

Punchline

« Le au revoir à l'autre est le bonjour à soi. »

9 de Coupes

Objectifs atteints
Heureux
Contentement

C'est le grand sourire qui en dit long sur la satisfaction éprouvée d'être là où on en est arrivé·e, enfin. C'est au moins aussi bien que ce qu'on aurait pu se souhaiter, voire mieux. En tout cas, ici, on a réussi à se faire une place confortable qu'aucune perturbation ne saurait troubler.

POV : tu as réussi à compléter ta collection de Panini. Entre joie et gratitude, te voilà comblé·e.

Mieux que le fond de teint, c'est l'accord parfait à l'intérieur, et ça se voit à l'extérieur. Même si tu parles en yaourt, on te comprend.

Conseils

* Regarde tout ce que tu as accompli, félicite-toi
* Profite de la vie et de ses plaisirs simples
* Fais-toi plaisir
* Cultive ton autonomie (émotionnelle)
* Kiffe ton célibat

Punchline

« Être content·e de soi ne devrait pas être un exploit mais la normalité. »

Les PLUS

FEEL GOOD, en maillot de bain sur la plage avec son *everyday body*
HAPPY, le mode « Hakuna Matata » activé
SOUHAIT EXAUCÉ, ce partenaire plus efficace qu'un Womanizer
SATISFACTION, dormir dans des draps propres
HUMILITÉ, a une vitrine remplie de trophées mais n'en fait pas des caisses en société

Les MOINS

DÉGOULINE DE BONHEUR, en fait trop pour que ça soit vrai
POUR SA POMME, son bien-être toujours avant celui des autres
EXCÈS, alcool, nourriture, tous les plaisirs puissance 1 000
SE REPOSER SUR SES LAURIERS, ne bougera pas d'un iota pour évoluer
ORGUEIL, se félicite copieusement de sa moindre action

10 de Coupes

Bonheur
Partage
Solidarité

Le bonheur, ça se partage avec ceux qu'on aime. Le *goal* ultime ? La famille Ikea heureuse, l'équipe de foot unie ou l'association joyeuse. Tous les cas de figure sont possibles, du moment que la joie et le partage sont au centre.

POV : tu joues au Monopoly avec tes ami·e·s, et personne ne se tape dessus, même quand vous perdez. Des règles communes et une spiritualité partagée chassent les mauvais joueurs du paysage.

Les objectifs personnels sont relayés au second plan : c'est l'esprit du collectif qui prime. Pour autant, ce dernier veille à combler individuellement chaque personne. Il le nourrit pour le faire grandir en son sein et lui permettre de s'émanciper en dehors de la communauté. À qui souhaitons-nous vraiment nous associer ?

Les PLUS

BONHEUR, un pique-nique entre copines
HARMONIE, la joie de partager un lit superposé avec son frère
SOLIDARITÉ, proposer des chewing-gums à tes camarades de classe
FAMILLE, celle qu'on se choisit et avec qui on se sent bien
UNI, même investissement à la première, deuxième et troisième mi-temps au rugby

Les MOINS

ÉTOUFFANT, avoir toujours du monde à la maison car « c'est la famille »
MANQUE D'AUTONOMIE, préférer se reposer sur les autres puis le regretter plus tard
SECTE, le club de tricot de ta cousine Léontine
IDÉAL, croire que la vie, c'est un conte de fées
DÉPENDANCE, toujours se référer à [veuillez compléter] avant de prendre une décision

Conseils

* Passe du temps auprès des tiens
* Rapproche-toi d'une communauté
* Accueille
* Partage
* Joue-la collectif

« Des parents ou des ami·e·s sur qui compter, c'est aussi un conte de fées. »

Punchline

Valet de Coupes

Amour innocent
Intuition
Sensibilité

Le seul domaine dans lequel tu peux difficilement contrôler ta naïveté, ce sont les sentiments. Le cœur palpite, la petite voix nous susurre des « chabada bada » dans lesquels on pourrait fondre d'amour. L'écouter nous guidera et la partager la rendra encore plus précieuse.

Profils

BRUCE, gros dur dans la vie, accueille son premier enfant et devient tout tendre
UNE INTUITIVE qui te déconseille d'aller à ce concert et te permet d'échapper à un attentat
UN CRUSH qui lui aussi crushe

Conseil

- Fais-toi confiance, écoute ton cœur
- Réfléchis moins, ressens plus
- Déclare tes sentiments
- Sois compatissant·e
- Montre-toi sans filtre

Punchline

«L'intuition, c'est l'ASMR du cœur.»

Les PLUS

IDYLLE, des sentiments sincères comme au début d'un flirt
PERCEPTION, avoir l'intuition que Lilian·e va nous envoyer un SMS
GENTILLESSE, la secrétaire médicale qui t'offre une sucette après un vaccin douloureux
IMAGINATION, Walt Disney, la première fois qu'il a dessiné Mickey
INSOUCIANCE, vivre ses émotions sans se préoccuper du lendemain

Les MOINS

NAÏVETÉ, croire que nos ami·e·s ne nous trahiront jamais
DÉCONNECTÉ·E DE LA RÉALITÉ, se mettre en couple avec quelqu'un qui ne veut pas d'enfants alors que toi, t'en veux, en pensant qu'il va changer d'avis
RÊVERIE, la tête dans la lune pendant le cours d'anglais
IMMATURITÉ ÉMOTIONNELLE, changer de sujet quand t'as tort plutôt qu'argumenter
DÉNI, acheter des vêtements en 38 alors qu'on rentre que dans du 42

Cava-lier de Coupes

Amour / amoureux
Utopie
Poésie

Un passif couplé à des sentiments te pousse à militer en faveur… D'une cause ? D'un amour ? On te prendra probablement pour un·e « illuminé·e », tu te diras que tu es un·e incompris·e. Or, ça n'est qu'en partageant que tu trouveras cette compréhension. Sortant ainsi du cycle infernal de l'éternelle insatisfaction.

Les PLUS

ROMANESQUE, parle au peuple du vivant et en devient le porte-parole
CONVICTION, du genre à faire de la politique depuis le bac à sable
IDÉAL, l'artiste qui a une vision romantique bien personnelle
CHARMANT, le prince, la princesse ou la grenouille ?
QUÊTE DE SENS, faire du marketing mais pour une ONG

Les MOINS

ÉTERNEL·E INSATISFAIT·E, l'incessante quête de perfection
FOLIE DES GRANDEURS, va prendre un·e *wedding planner* mais n'aura pas l'argent pour le·a payer
MILITANTISME, les féministes extrémistes qui te dézinguent si t'es pas d'accord avec elles·eux
RÊVEUR·EUSE PLUS QU'ACTEUR·RICE, de grandes idées, de longs discours, mais pas de cardio
FANTASQUE, Jack Sparrow qui débarque dans ta vie

Profils

LESLIE refusant le port du soutif et organisant une réunion sur le sujet au lycée
KEVIN, amoureux transi, toujours sur Tinder depuis son divorce, en quête de la perle rare
UN FOOTBALLEUR en conférence de presse qui certifie que c'est pour l'amour du foot et pas pour l'argent qu'il fait ce métier

Conseils

* Porte tes valeurs, milite pour ce qui te tient à cœur
* Sois investie
* Sois plus romantique
* Montre tes sentiments
* Invite l'autre à boire un godet

Punchline

« Les idéaux ont le pouvoir de changer le monde. *Much love!* »

Reine de Coupes

Amour maternel
Compassion
Sixième sens

Pas besoin de parler quand tu ressens déjà ce que les autres transpirent. Une corde sensible affûtée, qui entend les mélodies, celles qui sonnent juste, mais aussi celles qui sonnent faux… Dans les deux cas, pas de jugement spécifique à avoir, puisqu'on comprend l'autre (peut-être plus que lui-même ?). Notre intuition est connectée en *full* HD fibre 14G++.

Profils

UN MAÎTRE D'ÉCOLE qui ne punit pas tout de suite un enfant turbulent mais tente une approche plus subtile
LILIANE écrit une pièce de théâtre pour verbaliser tout ce que son père ne pourrait entendre frontalement
UNE BFF QUI NOUS ÉCOUTE, nous donne toujours de super conseils

Conseils

* Lis entre les lignes
* Fais preuve d'empathie
* Utilise les bons mots pour toucher l'autre
* Sois attentif·ive à tes ressentis
* Fais preuve de douceur et de délicatesse

Punchline

«La bonté se révèle à ceux qui ignorent la leur.»

Les PLUS

INTUITION, la maman qui sait quand t'es contrarié·e alors que t'agis comme si de rien n'était
PRÉVENANCE, s'assure que tu as pu dire tout ce que tu avais à dire
COMPRÉHENSION, la·e bon·ne tarologue
HYPERSENSIBILITÉ MAÎTRISÉE, tous les super-pouvoirs réunis : intuition, créativité, etc.
RESPECT, la grande sœur qui frappe avant d'entrer dans ta chambre

Les MOINS

IMPLICATION EXCESSIVE, va te défendre à la récré alors que c'est toi qui étais en tort
SYNDROME DU SAUVEUR, à force, même Superman est au chômage
PARDONNE TOUT, mettre l'autre à l'aise au risque d'être le paillasson de service
DRAMA QUEEN, une hypersensibilité non maîtrisée qui transforme la moindre situation en tragédie grecque
INDULGENCE, s'écoute un peu trop

Roi de Coupes

Amour fraternel
Altruisme
Imperturbable

Les voitures peuvent klaxonner, les enfants crier dans la rue, aucun élément perturbateur ne saurait te sortir de ta quiétude intérieure. Et si c'était le tsunami, en toi ? Personne ne saurait le déceler car tu sais que ça ne ferait pas avancer le schmilblick. En revanche, tu es disposé·e à écouter et à réconforter avec distance quelqu'un qui en aurait besoin.

Les PLUS

CALME OLYMPIEN, ta mère au supermarché quand tu tapais une crise dans le rayon bonbons
INTELLIGENCE ÉMOTIONNELLE, comprend ce que ressentent les autres
SAGESSE DU CŒUR, un haut niveau de conscience qui pousse à faire le bien
SELF CONTROL, une maîtrise de soi en période de règles abondantes
TOLÉRANCE, accepter avec compassion la présence d'enfants bruyants dans un avion

Les MOINS

HAUTE PROTECTION, la légende raconte que son cœur porte une doudoune en Kevlar
MANIPULATION, sait sur quel bouton appuyer et joue sur la corde sensible pour faire plier
POKER FACE, point faible : trop fort·e pour qu'on puisse la·e percer à jour
CONTROL FREAK, ne laisse rien au hasard
AUTODISCIPLINE EXCESSIVE, s'en tient religieusement à sa méditation quotidienne, quitte à louper ton mariage

Profils

CATHERINE, ex-prof de lettres en ZEP évoluant bénévolement dans l'univers carcéral
UN MOINE TIBÉTAIN, dont l'aura nous inspire le respect et nous rassure
DIEGO, pervers narcissique qui s'ignore, un être sensible à la recherche de plus sensible à manipuler

Conseils

- Garde la tête froide
- Préserve ton équilibre
- Fais preuve d'indulgence
- Sois compatissant·e
- Conseille les autres, mais applique tes conseils aussi

Punchline

« Ne pas réagir à une mauvaise haleine dans le métro est un acte altruiste. »

As de Deniers

Chance
Concrétisation
Pratico-pratique

C'est un petit pas pour toi, mais un grand pour tes projets ! Il faut bien commencer quelque part et, ici, ça semble prometteur. S'il s'agit d'un oui pour lequel tout reste à construire, auras-tu la foi pour ça ? (Si tu t'appelles Ophélie, tu auras répondu oui.)

POV : tu trouves un sou par hasard. Plusieurs options s'offrent à toi : t'acheter un pain au chocolat, l'offrir à un SDF ou le garder précieusement tel un talisman.

Chaque opportunité peut être saisie, c'est ce que tu en fais derrière qui déterminera ta réussite.

Les PLUS

OPPORTUNITÉ, avoir la main chanceuse au poker
PREUVE TANGIBLE, quand l'acronyme IRL (*in real life*) prend tout son sens
RENTRÉE D'ARGENT, le début de la fortune
PETIT PAS, petit Salamèche (ou scarabée) deviendra grand Dracaufeu
INVESTISSEMENT, miser juste

Conseils

* Saisis l'opportunité
* Accepte d'investir
* Montre de quoi tu es capable
* Commence petit
* Demande des preuves

Les MOINS

ACTE INTÉRESSÉ, les échantillons gratuits en supermarché pour te pousser à la consommation
OPPORTUNISME, dans les yeux d'une michto
MANQUE D'INVESTISSEMENT, beaucoup de bla-bla et peu d'actions
PROJET NON ABOUTI, des bases à retravailler
RETOUR À LA RÉALITÉ, la gifle de plein fouet

Punchline

« La chance sourit à ceux·celles qui la provoquent, ceux·celles qui l'attendent sont déjà en retard. »

2 de Deniers

Dextérité
Flexibilité
Improvisation

Parfois, on n'a pas d'autre option que de composer avec ce qui se présente à nous. On ne saurait se laisser déstabiliser, mais on appréciera le mouvement. Comme un surfeur voguant sur l'océan au gré de sa volonté, il s'agira d'être souple et créatif·ive pour tirer parti de la situation.

POV : tu es étudiant, et tu dois jongler entre ta casquette de président du BDE et tes études. Un coup représentant de la fête, un coup représentant de la classe. Aucune schizophrénie à l'horizon, juste un grand sens de l'adaptation.

Composer avec ce qui se présente peut sembler déstabilisant pour avancer. Pourtant, c'est en profitant de chaque moment qu'on réussit à créer son propre équilibre.

Les PLUS

HABILITÉ, faire le caméléon et faire ça bien
TEST AND LEARN, méthode des petits pas, mieux vaut se planter rapidement
MULTICASQUETTE, capacité à gérer plusieurs projets à la fois
CHANGEMENT, s'y adapte même quand c'est moins facile
AGILITÉ, du sprint au marathon, tout est possible

Les MOINS

INSTABILITÉ, mais se cache derrière un *carpe diem*
TROP OCCUPÉ, un planning de ministre
JAMAIS FIXÉ·E, n'a pas mis tous ses œufs dans le même panier
À MOITIÉ LÀ, un père scotché à son téléphone mais qui fait acte de présence avec ses enfants
PARTAGER, n'a pas choisi et pratique une polygamie non consentie

Conseils

* *Go with the flow*
* Commence petit et vois comment ça prend
* Trouve ton équilibre
* Coupe la poire en deux
* Prépare ta transition

Punchline

« L'avantage de faire le yo-yo, c'est qu'on s'y retrouve forcément à un moment donné. »

3 de Deniers

Esprit d'équipe
Collab
Talents mutualisés

C'est le « tout seul, on va plus vite, mais ensemble, on va plus loin » qui résonne. Associer les talents et leur complémentarité pour créer une œuvre commune. Chacun apporte son expertise et sa vision pour faire grandir un projet dans lequel toutes les parties sont investies.

POV : tu réussis enfin à te mettre en couple avec un·e humain·e qui a les mêmes projets de vie que toi. Vous vous répartissez le boulot pour créer votre foyer idéal. Toi, tu gères la partie admin, et l'autre, les courses.

Entreprendre des actions partagées qui se fondent sur une même vision et la destination laissera place à l'esprit du collectif plus qu'à l'intérêt personnel.

Conseils

* Travaille en bonne intelligence
* Inscris-toi dans un projet collectif/une démarche collective
* Associe-toi, trouve des talents complémentaires
* Construis un empire
* Collabore

Punchline « Les Totally Spies, les Super Nanas, ou les trois frères sont la preuve vivante que collaborer est une bonne idée. »

Les PLUS

COOPÉRATION, les Destiny's Child à l'époque, à l'ancienne
PROJET COMMUN, ouvrir une permaculture avec un comptable, un agriculteur et un marketeux
EN BONNE INTELLIGENCE, une collaboration qui use des talents de chacun à bon escient
CONSTRUCTIF, un conseil ou une critique à vocation d'évolution
ENTRAIDE, le voisin qui récupère ton colis en ton absence et inversement

Les MOINS

DÉPENDANCE, rien faire sans sa·son BFF
TROP DE DÉLÉGATION, compter un peu trop sur les autres pour faire à sa place
COMPLOT, une équipe se forme pour te péter les genoux
COUVERTURE, couvrir l'inefficacité du maillon faible d'une équipe
EXCLUSION, si tu fais pas partie d'un tarot gang, ça t'oblige à tirer en solo

4 de Deniers

Stagnant·e
Possessif·ive
Le rat

Quand on arrive à trouver une stabilité financière, physique ou autre, on a un peu de mal à s'en défaire… Au risque de passer pour la·e rabat-joie de service si on vient perturber cet équilibre ou vouloir nous en amputer. Trop dépenser son énergie/argent a-t-il le pouvoir de nous fragiliser ?

POV : ta fille refuse catégoriquement qu'on lui lave son doudou car elle ne veut pas qu'il perde de sa magie cristallisée dans son odeur identitaire.

Un plan de sauvegarde est utile s'il protège des acquis. En revanche, faire attention à ne pas rester buté·e ou vouloir se surprotéger et passer à côté d'une évolution, sous prétexte qu'on a peur de sortir de sa zone de confort ; c'est bof.

Les PLUS

ÉCONOMIE, l'économe qui ne fera jamais faux bond pour un plan vacances
SOLIDE, ne se laisse pas impressionner par des diplômes
SAUVEGARDE, une mémoire d'éléphant à faire pâlir un disque dur
PROTECTION, ne s'ouvre que si t'obtiens le code secret de sa confiance
MATÉRIALISME, au sens noble du terme en prenant soin de l'existant

Les MOINS

LA PINCE, paie sa part au restaurant, pas plus
CONSERVATISME, les fervent·e·s défenseur·euse·s du tarot de Marseille
ZÉRO EFFORT, le coquillage accroché à son rocher
TÊTU·E, ne veut pas admettre que la Terre est plate
SUR LA DÉFENSIVE, Sylvain accueillant froidement la·e nouveau·elle stagiaire qu'il soupçonne de vouloir prendre sa place

Conseils

* Préserve-toi
* Ralentis le shopping, garde tes sous
* Protège tes acquis
* Fais des choix qui renforcent tes appuis
* Tiens tes positions

Punchline

« Un écureuil, c'est rien qu'un rat qui a su économiser pour s'acheter un smoking. »

5 de Deniers

Manque
Privation
Minimum

Chômage ou rupture… On a mille raisons de se sentir démuni·e·s face aux accidents de la vie. Le changement est perpétuel, et c'est la seule chose immuable qui ne nous prendra jamais de cours. On ne peut que reconnaître notre situation et faire avec en gardant à l'esprit que c'est provisoire.

POV : c'est bientôt ton pot de départ à la retraite. Tu penses à tout ce qui va te manquer quand tu auras rendu le tablier : les brownies de Mado, tes collègues, et surtout ton salaire…

C'est le mal pour un bien qu'on maudira sur le coup, mais qu'on bénira plus tard car il aura permis de se recentrer sur l'essentiel.

Conseils

* Accepte la situation, même si elle est inconfortable
* Isole-toi pour le moment
* Crée le manque, fais-toi rare
* Fais une détox
* Interroge-toi sur ce qui te manque

Punchline

« Moins tu as, plus tu apprends à faire sans. »

Les PLUS

DIGNITÉ, porter du Kalenji avec style au lycée
AUTONOMIE, même si c'est difficile, on se contente du peu qu'on a
PROCESSUS, la chrysalide d'un papillon
HORS SYSTÈME, une radiation de Pôle emploi qui te fait passer du statut de « chômeur·euse » à « improvisateur·rice »
SOLIDARITÉ, trouver des compagnons de galère, même au mitard

Les MOINS

PAUVRETÉ, quand il ne reste qu'une feuille sur le rouleau de papier toilettes
MANQUE, l'absence de soutien moral après ton premier spectacle de danse
PÉNURIE, l'eau qu'on n'utilise plus pour nettoyer sa voiture en pleine canicule
SOLITUDE, quand t'as plus d'ami·e·s avec qui partager parce qu'ils t'ont plumé·e
VAMPIRE, ceux qui aspirent ton énergie

6 de Deniers

Équité
Donner/recevoir
Générosité

Aujourd'hui, c'est toi qui donnes parce que tu peux te le permettre : tu as l'énergie, le temps, l'argent, mais surtout l'envie de partager avec ceux qui en ont besoin. Ça peut être un don ou un simple coup de pouce. Cette aide nous semble juste et elle a aussi le pouvoir de nous enrichir.

POV : tu partages équitablement le temps de garde de ton enfant entre tes parents et tes beaux-parents.

Tendre une main vers l'autre, c'est faire preuve de générosité et accepter cette solidarité sans se sentir démuni·e, c'est faire preuve d'humilité. *Reminder* (*again*) : le donneur d'aujourd'hui pourra être le receveur de demain.

Les PLUS

CERCLE VERTUEUX DU DONNER/RECEVOIR, garder les enfants de la voisine en échange de 1 kg de pommes du jardin
CADEAU, les jeux gratuits pour avoir créé du contenu pour l'auteur·e
UNE JUSTICE EN JUSTESSE, Robin des Bois en action
APPUI, un CE2 qui aide un CE1 à passer une récré en sécurité
GRATITUDE, remercier la bonne âme qui nous passe un tampon aux WC

Les MOINS

INÉGALITÉ, l'écart de salaire entre les hommes et les femmes
À SENS UNIQUE, être le·a seul·e à s'investir dans un projet
JEUX DE DOMINATION/SOUMISSION, une michto qui accepte des choses bizarres en échange d'articles de luxe
EN DEMANDE, un fils qui court après l'approbation de son père
ACTE INTÉRESSÉ, tondre la pelouse pour avoir la permission de sortir

Conseils

* Apporte ton soutien ou demandes-en
* Sois équitable dans le partage
* Investis-toi à la hauteur de ce que tu reçois
* Garde un équilibre dans tes relations
* Récompense le juste (toi ou quelqu'un d'autre ?)

Punchline

« Se prendre un vent après avoir donné, c'est recevoir quelque chose, en soi. »

7 de Deniers

Work in progress
Patience
Évaluation

Les bonnes choses prennent du temps : neuf mois pour un bébé, quatre minutes pour un œuf à la coque et toute une vie pour s'accomplir ! Le choix des ingrédients, l'investissement et la patience pour en voir le résultat sont nécessaires.

POV : tu as décidé d'effectuer une transformation corporelle pour obtenir enfin ce six pack tant désiré. Chaque jour, tu prends ton mal en patience en suivant l'évolution imperceptible à l'œil nu. Mais le voyage en Turquie te fait déjà les yeux doux…

En surface, rien ne bouge mais, en coulisses, la maturation est en cours. On peut juste s'interroger sur ce qui a été fait. Il semble qu'on n'ait plus rien à ajouter.

Conseils

* Patience, ça arrive
* Observe un temps d'évolution
* Arrête de te donner et regarde si ça porte ses fruits
* Force pas, attends de voir
* Profites-en pour faire le bilan

Punchline

«La patience choisit d'accorder ses fruits sans forcer.»

Les PLUS

PATIENCE, attendre le résultat d'un examen sanguin après un rapport sexuel à risque
OBSERVATION, regarder ses enfants grandir sans intervenir
PROGRÈS, le yoga qui agit sur notre souplesse en profondeur
REPOS, du répit entre deux saisons de plantation
BILAN, l'expert-comptable qui évalue ta trésorerie

Les MOINS

ATTENTE VAINE, un rituel de retour de l'être aimé qui a foiré
POIREAUTER, préfère attendre de voir plutôt que de demander à un·e inconnu·e si c'est la bonne ligne de bus
PASSIF·IVE, attend que tu envoies le premier message
TROUVER DES EXCUSES, ne fait rien et croise les doigts pour que ça évolue…
FLEMME d'arroser les plantes de la voisine pendant ses vacances

8 de Deniers

Répétition
Efficacité
Focus

Se mettre à fond dans un sujet et le développer sans se poser de questions : juste le faire. Tu as acquis suffisamment de compétences et d'aisance pour répéter le mouvement avec une fluidité déconcertante. Si ce n'est pas encore le cas, c'est aussi le signal de la nécessité de se mettre au boulot.

POV : t'es boulanger et, tous les matins, tu prépares brioches et pains au chocolat. Absorbé par la répétition du mouvement de pétrir la pâte jusqu'au geste parfait ; le temps s'arrête pendant que ta production défile.

Chez les parents, les repas se servent tout seuls, mais dans ton foyer, c'est à toi de t'y coller. Selon toi, qu'est-ce qui mérite attention et investissement ?

Les PLUS

TRAVAIL, askip, c'est la santé
PRODUCTIVITÉ, avoir trois enfants en deux ans
PROFESSIONNALISME, connaît son boulot et le fait consciencieusement
ROUTINE, répète ses postures de yoga jusqu'à ce qu'elles fusionnent avec son propre ADN
PERSÉVÉRANCE, la caissière qui continue de dire bonjour, même aux gens impolis

Les MOINS

PERFECTIONNISME, chipote sur les détails
ACCRO AU TRAVAIL, un·e indépendant·e qui ne peut pas s'empêcher de regarder son logiciel de commandes, même le jour de son mariage
À LA CHAÎNE, travailler pour Amazon et être payé·e au rendement
LA QUANTITÉ AVANT LA QUALITÉ, les grandes chaînes de magasin *vs* les producteur·rice·s locaux·ales
RÉPÉTITIF, une coutrière qui coud mais n'a pas de commandes

Conseils

* Concentre-toi sur le boulot
* Entraîne-toi et mets en application
* Travaille
* Investis-toi
* Persévère

Punchline

«Muscler son geste pour servir son ambition passe par la répétition.»

9 de Deniers

Indépendance
Pognon
Réussite

La richesse reflète les possibilités qui nous apportent confort et indépendance. Mais est-ce vraiment à la hauteur de nos attentes ? Ou n'est-ce pas une jolie cage dorée ?

POV : la notion de richesse est subjective. L'abondance, pour Vincent, 10 ans, c'est pouvoir se payer du pop-corn au ciné. Le pouvoir d'achat pour Gwendoline, c'est un jardin luxuriant de légumes bio. Et enfin, l'indépendance, pour Mélissa, c'est une carrière qui paye ses sacs Fendi.

Il y a des récompenses bien méritées qu'on peut savourer à la manière qui nous plaira. La réussite peut être un coup de chance mais, la plupart du temps, c'est le fruit d'un dur labeur.

Conseils

* Profite de la vie
* Cherche ce qui te fait du bien
* Continue à bosser dans le sens de tes objectifs
* Regarde autour de toi ce que tu as déjà créé
* Assume ton côté indépendant·e

Punchline

«Se croire illimité enrichit les pauvres motivés et les riches convaincus.»

Les PLUS

AUTONOMIE, la trottinette électrique qui épargne les transports en commun
ABONDANCE, le collagène toujours en place passé 35 ans
RÉUSSITE MATÉRIELLE, avoir un potager luxuriant ou un compte en banque bien fourni
CONFIANCE EN SOI, valable qu'on porte un smoking chic ou des tongs déglinguées
CÉLIBAT HEUREUX ET ÉPANOUI, on a de comptes à rendre à personne

Les MOINS

CAGE DORÉE, penser qu'une paire de Louboutin fait de nous quelqu'un de libre
SA POMME AVANT TOUT, prendre la meilleure place au cinéma quitte à gâcher la vue d'une personne de petite taille
MATÉRIALISTE, tout miser sur l'argent ou le confort personnel
LA *VIDA LOCA*, l'ami·e impossible à voir parce que toujours en vacances
NE PAS PARTAGER, partir vivre à Dubai pour pas payer d'impôts sur le revenu en France

10 de Deniers

Patrimoine
Tradition
Prospérité

L'héritage prend diverses formes : génétique, culturelle, familiale, etc. Sa valeur est là, qu'on y adhère ou pas. On ne peut nier son existence. Ainsi, quel rôle joue-t-on dans l'organigramme ? Qu'avons-nous à apprendre ?

POV : tu es trop grand·e pour jouer au Pokémon, donc tu décides d'apprendre à ton neveu et à ta nièce comment réussir leur carrière de dresseur·euse. Tu le fais avec plaisir et tu leur souhaites aussi que l'élève dépasse le maître pour perpétuer la tradition et la faire évoluer.

Voir sur le long terme et s'appuyer sur les anciens n'est pas un abus de faiblesse, mais le début d'une preuve de sagesse.

Les PLUS

RICHESSE, la maison de campagne de tonton Hakim, la recette du tajine de tatie Khadija
TRANSMISSION, un·e professeur·e ou un parent qui livre avec ferveur une tradition
PROTECTION, l'Académie française qui veille au grain quant à l'évolution de la langue
VALEURS, signer la charte éthique de la tarot *bad bitch*
SÉCURITÉ FINANCIÈRE, un coussin financier hérité ou qu'on a su se constituer

Les MOINS

SUPERVISION ABUSIVE, le contrôle parental passé 18 ans
FAMILLE INTENSIVE, que des champions à ne pas décevoir sous peine d'être déshérité·e
INSÉCURITÉ, le lègue des traumatismes familiaux
SECTE, en veut à ton pognon et t'embarque dans des programmes de vente de compléments alimentaires te promettant des compléments de revenus exponentiels
VÉNALITÉ, vouloir se marier à tout prix avec le meilleur parti financier (ou génétique)

Conseils

* Transmets et partage ce que tu sais faire
* Cherche des réponses auprès des anciens
* Suis la tradition
* Pense long terme
* Investis dans ce qui enrichit

Punchline

« On ne choisit pas ce qu'on nous lègue, mais ce qu'on en fait. »

Valet de Deniers

Opportunité
Mise en pratique
Apprentissage

De la théorie à la pratique, la graine a été trouvée et est sur le point d'être semée. C'est toi avec ton tarot, qui le mélange et commence les interprétations. C'est bancal ? En même temps, il n'y a que celles·ceux qui ne font rien qui ne se plantent pas. Ainsi, c'est bien décidé·e à planter et à se planter qu'on se donne les moyens de transformer l'essai.

Profils

SARAH, obtient le Capes et commence l'enseignement dans un collège à la rentrée
UN JEUNE ENTREPRENEUR bien décidé à développer sa solution et à pouvoir lui donner des petits frères
UNE ILLUSTRATRICE qui donne vie à un brief créatif

Conseils

* Donne-toi les moyens
* Commence, au pire, si tu échoues, tu recommenceras autre chose
* Si ça sert tes intérêts, accepte
* Concentre-toi sur le résultat
* Fais vivre tes idées

Punchline

«La pratique révélera si la théorie avait raison.»

Les PLUS

POTENTIEL PROJET, un mémoire de fin d'études qui débouche sur un lancement de business
OBJECTIF CONCRET, 10 000 pas par jour
VOLONTÉ D'APPRENDRE À FAIRE, l'apprenti fleuriste qui conçoit des bouquets
MAIN À LA PÂTE, les petites actions du quotidien qui font la différence sur les grandes actions de demain
MISE EN APPLICATION, passer des entraînements de karaté à la cage de MMA

Les MOINS

STADE EMBRYONNAIRE, ne cherche pas à plus se développer
IMMATURITÉ, faire le perroquet parce qu'on a la flemme de réfléchir par soi-même
OPPORTUNISME, te parle uniquement pour obtenir une faveur
ÉGOCENTRISME, pense à ses intérêts uniquement
COURT TERME, arrêter ses études pour travailler direct

Cavalier de Deniers

Régularité
Fiabilité
Lenteur

Exécuter une mission qu'on t'a confiée sans en dévier, ça demande une sacrée discipline. Ça traînera un peu en longueur parce qu'on a le goût des choses bien faites. On oubliera parfois de poser des questions, mais on fera le taf avec la régularité d'un métronome.

Les PLUS

MON·MA GARS·GOW SÛR·E, répond au téléphone quelle que soit l'heure
ENDURANCE, marathonien dans l'âme
LOYAUTÉ, boira du Coca-Cola toute sa vie, même si Pepsi lui fait un appel du pied
PERFECTION, t'apporte des roses et du chocolat à la Saint-Valentin
EFFICACITÉ, un plombier aussi professionnel que Mike Delfino

Les MOINS

PRÉVISIBLE, ne sait pas innover dans les menus du dîner
MANQUE D'AUTONOMIE, aura besoin d'un·e chef·fe pour l'orienter
LENTEUR, un banquier au guichet qu'on soupçonnera d'excès de zèle
PREMIER DEGRÉ, les gens qui vont prendre toutes ces interprétations pour des vérités absolues
MOU, ta·ton conjoint·e quand il s'agit de sortir les poubelles

Profils

L'AMI·E, toujours là pour dépanner, même pour les déménagements
FRANCK, la bonne pâte au boulot qui s'occupe de toute l'intendance sans broncher
UN EMPLOYÉ DE MAIRIE dont la devise serait « point trop n'en faut »

Conseils

- Dédie-toi à...
- Sois la personne sur qui on peut compter (ou trouve-la)
- Ne pose pas de questions, juste fais
- Prends ton temps
- Applique la méthode des petits pas

Punchline

« La tortue a battu le lièvre bien avant d'être ninja. »

Reine
de Deniers

Bon sens
Confort
Organisation

S'occuper de ce que l'on a et le valoriser, c'est déjà une forme de richesse. C'est la façon dont tu l'organises et l'attention que tu lui portes qui détermine sa valeur (ta propre valeur ?). Un foyer, une entreprise, un corps, une relation ? Veiller à ce qu'on ne manque de rien pour se sentir bien, c'est du boulot en soi.

Profils

UNE SUPER NANNY qui fait régner à la fois l'ordre et la joie au sein du foyer
UN MARI PRÉVENANT, qui s'assure que sa moitié soit à l'aise au quotidien
SYLVIE, 42 ans, pratiquante de yoga du visage, pas une ride grâce à des rituels beauté

Conseils

- ✱ Prends soin
- ✱ Accueille avec gratitude
- ✱ Chéris ce que tu as déjà
- ✱ Occupe-toi de ton intérieur (sens propre et figuré du terme)
- ✱ Gère ton affaire

Punchline

« Intérieur en ordre assure prospérité en bonne et due forme. »

Les PLUS

BONNE GESTION, gère le planning du foyer comme personne
HYGIÈNE DE VIE, trois séances de sport par semaine et des légumes à tous les repas
SENS DE L'ACCUEIL, toujours des petits biscuits avec le café
MATERNANT, le mec qui prépare les Tupperware de sa nana
INGÉNIOSITÉ, la créativité dans le quotidien qui simplifie la vie

Les MOINS

MÈRE POULE, va t'obliger à porter une écharpe en mai
SUROPTIMISATION, une boîte dans une autre boîte de rangement
MATÉRIALISTE, chaque Tupperware compte, donc t'as plutôt intérêt à lui rendre
VEUT TOUT GÉRER, l'œil de Sauron quand tu fais ta valise pour les vacances
AVARE, refuse de donner de l'argent de poche pour la sortie scolaire mais charge ton sac en Kinder Bueno

Roi de Deniers

Expérience
Investissement
Réussite sociale et financière

Welcome to Versailles! Tout ce qui brille n'est pas que d'or ; quel reflet nous renvoie la Galerie des glaces ? Celui d'une maîtrise absolue de notre environnement. Les autres reconnaîtront aisément ton expertise, mais ils auront du mal à comprendre tes choix d'investissement. Pour autant, tu sais où placer tes billes pour en obtenir de nouvelles.

Les PLUS

COMPÉTENCES, une pratique fluide qui la rend monétisable
RICHESSE, le résultat d'un dur labeur
ABONDANCE, le frigo plein
RÉCOMPENSE, récolter les fruits d'un bon placement
SOUTIEN, les investisseurs d'une levée de fonds

Les MOINS

CORRUPTION, acheter le silence de sa·son coloc avec des chips
SERIAL ENTREPRENEUR, n'a pas le temps de mettre en ordre sa première entreprise qu'il en ouvre une autre
MATÉRIALISTE ++, la Rolex, c'est presque une formalité
PROFIT, s'il·elle n'en tire rien, ça ne l'intéresse pas
JUSQU'AU-BOUTISTE, les studios de cinéma qui font des films en plusieurs parties

Profils

CHANTAL, cartomancienne, quinze ans de collectionnite aiguë, qui suit le cours du tarot à la Bourse
UN *SUGAR DADDY* qui investit dans des sacs de luxe et s'assure de la compagnie à vie
UN PAPI tellement prolifique dans son jardin qu'il va vendre sa production personnelle dans une coopérative locale

Conseils

* Capitalise sur l'existant pour le faire grossir
* Tire profit
* Investis au bon endroit
* Réfléchis à comment t'enrichir
* Sécurise ton environnement et prends-en soin

Punchline

« Dans le tarot, tu as deux options : apprendre lentement ou t'appauvrir rapidement. »

As d'Épées

Clarté
Logique
Innovation

Le savoir, c'est le pouvoir ; et pour pouvoir connaître le savoir, il faut le vouloir. Une pensée peut être créatrice ou destructrice. Sa précision démontrera un esprit clair. C'est le « eurêka », l'ampoule qui s'allume quand tu comprends enfin comment lire la notice du meuble Ikea. Tout est en ordre dans la caboche.

POV : tu as une fulgurance, tu sens que ta plume est fluide et que ton niveau de compréhension est au max. Tu en profites pour rédiger un scénario pour un film d'auteur (même si t'as 14 ans et qu'écrire ta rédaction aurait suffi pour aujourd'hui).

Penser avec sa tête, c'est pratique, puisque c'est en partie pour ça qu'elle est faite. Toutefois, on pourrait lui reprocher son manque d'affect dans l'équation. L'intelligence émotionnelle n'est pas donnée à tout le monde.

Conseils

* Innove
* Sois au clair dans tes intentions et tes paroles
* Fais preuve d'honnêteté
* Utilise le mot juste
* Concentre-toi sur une idée

Punchline

«L'idée est une princesse qu'on fait grandir pour en faire une reine.»

Les PLUS

INTELLIGENCE, comprendre comment changer une roue de voiture
RATIONALITÉ, la petite souris est gestionnaire de patrimoine dentaire
OBJECTIVITÉ, 1 + 1 = 2, sauf si tu t'appelles Jean-Claude, ça fait 3
IDÉE, le concept de démocratie qui jaillit en pleine monarchie
JUSTESSE, le mot qui fait mouche

Les MOINS

FROIDEUR, l'influenceur·euse quand tu proposes de payer en visibilité
EXPÉDITIF, chaque mot, c'est un bout de cerveau qui s'évapore, faut s'économiser
SUR ANALYSE, veut tout comprendre
DES PAROLES (QUI S'ENVOLENT), verbalise mais n'agit pas
ARROGANCE, croire qu'on a la science infuse

2 d'Épées

Refus
Déni
Recentrage

Tout nier en bloc, plutôt que de reconnaître ce que l'on a vraiment sur le cœur, c'est parfois plus facile. Parce qu'on ne veut pas faire de vagues, on fait l'autruche. Même Gilbert Montagné a arrêté de chanter tellement il est choqué (que tu ne voies rien). Mais peut-être que c'est le moment idéal pour s'acheter la paix des ménages.

POV : ton fils te demande de prendre parti sur la punition de son père, mais tu préfères l'ignorer plutôt que d'engager une nouvelle guerre avec ton ex-mari. Qui lui-même fait un déni de votre rupture et pense que chaque texto est une tentative de reconquête. Chacun ses soucis.

As-tu déjà entendu parler Hello Kitty ? Non, car elle n'a pas de bouche, et c'est en partie ce qui a constitué son succès. Sois mignonne et tais-toi ? Pas totalement, mais prépare avec soin les mots que tu utilises.

Les PLUS

RECENTRAGE, une méditation dans un métro bruyant
NEUTRE, un débat qu'on préfère ignorer
CONTENANCE, forme de dignité face à la provocation indésirable d'une personne puante
PAUSE, un break pour peser le pour et le contre
RÉFLEXION, délai nécessaire avant de décider si dinguerie on fera ou pas

Les MOINS

DILEMME, la robe rouge ou bleue ? Déjà, est-ce que j'ai envie d'aller à cette soirée ?
AVEUGLEMENT, refuser de voir qu'on a 45 ans
DÉFENSIVE, dire non par principe
NE PAS SE MOUILLER, les témoins qui oublient la non-assistance à personne en danger
BLOQUÉ·E, la vidéo en cours de téléchargement, c'est interminable mais sans la fibre on s'attendait à quoi ?

Conseils

* Recentre-toi
* Ne prends pas position
* Prends le temps de réfléchir
* Fais-nous un combo Gilbert/Hello Kitty : ferme les yeux et tais-toi
* Esquive

Punchline

« Ferme les yeux, recentre-toi et tourne 7 fois ta langue avant de parler. »

3 d'Épées

Vérité
Expression
Douleur

« Y a que la vérité qui blesse ! » Bah tu crois pas si bien dire… Le cœur est blessé par les mots ou par leur absence. Mais cette situation ne pouvait pas durer, et il fallait que ça sorte. Être honnête envers soi et/ou les autres est certes douloureux, mais ça rend plus léger·ère.

POV : ta tante fait un énième clafoutis aux pruneaux alors qu'elle ne sait pas cuisiner. Tu peux lui annoncer ce qui cloche en lui offrant un cours de cuisine avec une carte « plus jamais de pruneaux STP » ou serrer les fesses et souffrir en silence.

Quand on est trahi·e, il vaut mieux que la raison prennent le dessus sur les sentiments. Écrire une dissertation sur Gutenberg alors qu'on aurait préféré la faire sur Eminem, c'est aussi un 3 d'Épées. Il va falloir être créatif·ive en dépit de la douleur. Que va donner ce creusage de méninges sur un sujet qui ne t'intéresse pas ?

Conseils

* Exprime-toi
* Verbalise ta peine
* Dis la vérité (même si elle est blessante)
* Utilise ta logique
* Confronte les versions/vérités

Punchline

« Pense avec ton cœur, agis avec ta tête. »

Les PLUS

PAROLE LIBÉRÉE, dire la/sa vérité, même si elle ne fait pas plaisir
RAISON, plutôt que sentiments, refuser de revoir quelqu'un qu'on aimait mais qui nous a maltraité·e
LUCIDITÉ, porter du *fast fashion* augmente plus notre dette écologique que notre style
HONNÊTETÉ, mettre fin à un contrat parce qu'on sait que ça va pas le faire
CRÉATIVITÉ, « Someone Like You » d'Adele (d'une douleur peut naître une œuvre majeure)

Les MOINS

TRISTESSE, quand y a plus de frites à la cantine
CHAGRIN, nous, tout le long du film *Eternal Sunshine of the Spotless Mind*
RUPTURE, la séparation d'Angelina Jolie et Brad Pitt
VÉRITÉ DOULOUREUSE, le père Noël n'existe… pas habillé en rose !
PAROLES BLESSANTES, « les fans de Disney sont des gamin·e·s »

4 d'Épées

Chill
Immobilisme
Passéiste

Si la tradition a du bon, elle peine parfois à laisser place à l'évolution. Camper sur ses idées car elles sont bien construites permet d'activer le mode pilote automatique. Cependant, rester accroché·e à ce qu'on a la flemme de changer peut aussi nous faire passer pour un vieux croûton aux idées arriérées.

POV : ton samedi soir, passé la trentaine. On t'a bien proposé plusieurs soirées sympas mais, entre la vie mondaine et le respect de tes cycles de sommeil, ta raison a tranché, ce sera le pyjama pilou pilou.

Parfois, un moment de repos sera bénéfique pour ancrer ses idées ou simplement prendre soin de soi. À l'heure où on demande toujours plus de flexibilité, ici, on veillera à sécuriser ce qu'on pense avant de le challenger.

Les PLUS

STABLE, un plan qui ne change pas, on fait tout comme on a dit
VALEURS, la Déclaration des droits de l'homme (normalement)
CALME, être prêt·e à passer le bac après des révisions efficaces
REPOS, une séance d'acupuncture bien méritée
PAIX, un dimanche sans les enfants

Les MOINS

OLD SCHOOL, ton proprio qui te fait des quittances de loyer sur papier
ENDORMI·E, un cours d'histoire soporifique
SOLITUDE, pour donner tort à « y a que les cons qui ne changent pas d'avis »
RIGIDITÉ, le régime alimentaire de Victoria Beckham
STAGNATION, ne pas sortir des missions de sa fiche de poste

Conseils

* Reste sur ton idée de base
* Ne bouge pas
* Cadre un modèle dans lequel te sentir en paix
* Repose-toi
* Ralentis le rythme

Punchline

« Une sieste cache des rêves qui méritent d'être renforcés avant d'être dévoilés. »

5 d'Épées

Désaccord
Fight
Prise de position

« *Think different, be different* », c'est prendre le risque d'être en désaccord avec certaines personnes. Si on était tous d'accord sur tout, ce serait l'attaque des clones. Or, nous sommes tous·tes singulier·ière·s et notre vision du monde aussi. Pour cela, affirmons nos idées.

POV : tu brainstormes avec ton frère sur le cadeau de fête des Mères. Par principe, il refuse toutes tes idées. Pour le faire céder, tu ressors la liste des précédents cadeaux flop issus des siennes. Ainsi, il reconnaît que les tiennes sont plus rentables et accepte enfin tes propositions.

Il n'y a pas forcément besoin de hausser la voix, mais on est aussi ferme qu'un avocat fraîchement cueilli. Si la voie pacifique est écartée, on usera des grands moyens pour se faire comprendre.

Conseils

* Prépare tes arguments
* Aiguise ta plume
* Affirme-toi
* Va au bout
* Accepte la défaite et réfléchis sur le pourquoi

Punchline

« Mieux vaut un propos salé qu'une conviction tiède. »

Les PLUS

AFFIRMATION, crier un « je m'y oppose » au moment opportun
CLOUER LE BEC, avoir le dernier mot dans une dispute
PANACHE, tout est question de *wording* et de *timing*
ÉMULATION, faire un ping-pong d'idées lors d'un débat enrichissant
CONVICTION, porter des collants couleur chair sans craindre le *fashion* faux pas

Les MOINS

JOUTE VERBALE, s'engueuler pour pouvoir mieux S'EXpliquer
CONFLIT, le tsunami déclenché quand on dit à Obélix qu'il est gros
OFFENSIF·IVE, chercher la castagne plus que le consensus
DÉPLAIRE, les gothiques au lycée à la période Tecktonik
CRISE, ta mère quand tu marches avec tes chaussures après son passage de serpillière

6 d'Épées

Éloignement
Prise de recul
Tchao

Une incompréhension persiste ? Un manque d'écoute nous chiffonne ? Prendre la poudre d'escampette pour éviter de finir tout·e rouge de colère. Il faut savoir se retirer au bon moment pour éviter le vert du dégoût et se préserver.

POV : tu t'engueules avec ta moitié. Pour éviter que le projet emménagement parte en sucette, tu décides de passer le week-end chez tes parents, qui te rappelleront que la vie de couple est faite de compromis (ou pas).

« L'herbe n'est pas plus verte ailleurs. » Ah ouais ? Je m'en vais vérifier. On s'accorde un break pour souffler, se retrouver avec soi, et si, sur notre chemin, nous croisons des personnes réceptives, nous aviserons.

Les PLUS

DISTANCE, ne pas réagir à chaud et prendre de la hauteur
RÉFLEXION, s'éloigner des autres pour se rapprocher de soi
TESTER SES IDÉES AILLEURS, voir comment développer, en indépendant·e, l'application refusée par ton boss
SE RESSOURCER, la *digital detox* annuelle salvatrice
CHANGEMENT, une ancienne *bucket list* qui refait surface et nous pousse à la réaliser

Les MOINS

DISTANCE, quand on a vexé quelqu'un et qu'un long silence s'installe
SE RETIRER, démotivation sur le montage d'un réseau de franchises
FUITE, esquiver une conversation qu'on n'a pas envie d'avoir
ALLER VOIR AILLEURS, un gamin pas écouté qui va montrer son dessin aux voisins
INCOMPRÉHENSION, se faire ghoster sans préavis

Conseils

* Prends du recul/de la hauteur
* Pars au bon moment
* Propose tes idées ailleurs
* Fuis les *dramas*
* Fais un break

Punchline

« Faire voguer le connu vers un inconnu qu'on espère plus accueillant. »

7 d'Épées

Troll
Filouterie
Hypocrite

Parfois, il vaut mieux un petit mensonge joli qu'une grosse vérité moche. Les circonstances te poussent à ne pas révéler tout ton jeu pour ne pas qu'on te la fasse à l'envers. Sois plus malin·igne, et fais-toi discret·ète pour préparer au mieux ta progression.

POV : tu es invité·e chez des ami·e·s bien décidé·e·s à te tirer les vers du nez sur tes projets. Tu renverses le jeu en flattant copieusement la reine des abeilles. En confiance et valorisée, elle monopolise l'attention et détourne celle des autres. Adepte du « vivons heureux, vivons cachés », te voilà en paix.

Pourquoi nous ment-on ? Ou pourquoi nous mentons ? L'hypocrisie peut avoir des vertus. Encore faut-il se trouver du bon côté… En attendant, pas vu, pas pris !

Conseils

* Méfie-toi
* Sois plus malin
* Mens (en conscience ha ha ha)
* Ne dis pas tout
* Fais-toi discret·ète

Punchline

« Que dit un ninja qui rencontre un voleur ? Shhhhhh ! Leur action se discute mais pas leur discrétion. »

Les PLUS

ASTUCE, avoir Google pour bible
DISCRÉTION, on ne l'entend pas quand il·elle rentre de soirée
CACHOTTERIE, sait organiser des anniversaires surprises
BLAGUE, derrière une blague, il y a toujours une part de vérité
INTELLIGENCE, l'IA en personne : compile le savoir pour le recracher au plus malin

Les MOINS

MENSONGE, l'âge des gens passé 40 ans sur les applications de rencontres
TROMPERIE, les formations en ligne qui ne rendent riches personne, sauf leur créateur·rice
SOURNOISERIE, le·a collègue « gentil·le » qui balance tes retards répétés aux RH
PARADE, être civilement marié·e à une femme et vivre l'amour avec un homme
MANIPULATION, les ronds de jambe excessifs pour gagner en visibilité

8 d'Épées

Autocensure
Limitation
Immobilisme

L'éléphanteau qu'on aurait accroché depuis tout petit, une fois adulte, ne tentera pas de s'enfuir et de rompre sa petite corde qu'il pense incassable. Il restera là où il est, en niant sa force, vu qu'il n'en a pas connaissance. Comme ancrée dans son esprit qui le pousse à s'autolimiter.

POV : tu ne tombes que sur des meufs ou des mecs à problèmes et tu n'arrives pas à te mettre en couple parce que tu t'es fait·e à l'idée que c'était « normal », voire que c'était toi, le problème. Problème il y a. Mais pas celui que tu crois. Quelle force en toi cherches-tu à occulter ? De quoi te crois-tu incapable ?

Entre syndrome de l'imposteur et autocensure, c'est le cocktail parfait pour se tirer une balle dans le pied et faire du surplace.

Les PLUS

ZONE DE CONFORT, pourquoi faire 20 *burpees* quand on peut n'en faire que dix ?
MÉDITATION, seule option qu'il nous reste, coincé·e·s dans un ascenseur sans téléphone
DISCIPLINE, manger cinq fruits et légumes par jour
IDÉE FAUSSE, le fameux « c'est dans la tête » qui prouve que cette dernière série de squats était faisable
RECENTRAGE, un cadre qui évitera la dispersion

Les MOINS

SYNDROME DE L'IMPOSTEUR, faire dix formations et ne toujours pas se sentir prêt·e
BLOCAGE MENTAL, refuser de sortir avec un mec qui porte des jeans slim
AUTO-EMPRISONNEMENT, s'empêcher de sortir pour pondre son mémoire jusqu'à plus soif
CROYANCE LIMITANTE, ne marcher que sur les bandes blanches du passage piéton ou la Terre arrête de tourner
PIÈGE, un magicien qui fait un tour de « magie »

Conseils

* Fais le point sur tous les paramètres
* Observe un moment de méditation et analyse mieux la situation
* Assure-toi d'être vraiment prêt·e
* Interroge les comportements d'autosabotage

Punchline

« Ton esprit joue le rôle du geôlier de cette mascarade. »

9 d'Épées

Analyse poussée
Angoisses
Obsession

Plus il y a d'informations, plus c'est complexe. Les ignorer est inutile, puisqu'elles reviendront hanter tes pensées. C'est la mélodie du « It's a Small World » de Disneyland qui tourne en boucle.

POV : tu organises les vacances avec des potes. Tu synchronises tous les agendas Google, proposes quinze scénarios différents de séjours pour une ratification démocratique. Pour finir par faire des cauchemars chaque nuit car ton subconscient tente de résoudre cette équation insoluble dans tes rêves.

Pour se mettre au clair, seuls une stratégie et un cacheton pour la tête aideront à nous confronter à ce qui nous fait des nœuds au cerveau. Rationaliser une peur, c'est commencer à la désamorcer.

Conseils

* Organise tes pensées
* Prends le temps de réfléchir
* Structure ton affaire
* Réfléchis un peu mieux
* Mets des mots sur tes maux

Punchline

« À grande complexité, grands moyens à déployer. »

Les PLUS

QUESTIONNEMENT, est-ce que Dieu existe ? Vous avez deux heures
RÉFLEXION, faire une liste des « pour et contre » se mettre en couple avec ce tocard (la réponse est dans l'énoncé)
COMPORTEMENT OBSESSIONNEL UTILE, texte justifié, *bullet point* harmonisé, une mise en pages impeccable
MÉTHODOLOGIE, suivre scrupuleusement la recette et faire des suggestions pour l'améliorer

Les MOINS

PRISE DE TÊTE, la négociation avec ton gosse pour le mettre au lit
ANXIÉTÉ, marcher dans une flaque d'eau après avoir mis ses chaussettes
PARANO, dire « si j'aurais su » en entretien d'embauche et penser être éliminé·e pour ça
TERREUR NOCTURNE, le monstre sous le lit qui tente d'alimenter son réseau d'énergie avec tes cris
LES PROBLÈMES, la quintessence d'un épisode de téléréalité

10 d'Épées

Craquage
Surchauffe
Fin

Cette situation est la conséquence d'une accumulation de pensées qui ont provoqué une erreur 404 du système. Certaines étaient peut-être utiles jusqu'à présent mais, aujourd'hui, ça ne fonctionne plus. Il est temps de laisser l'ancien pour passer sur un nouveau programme.

POV : un matin, tu n'arrives plus à te lever de ton lit. Entre ce boulot absorbeur de neurones, des enfants bruyants et un mari pas aidant, ton cerveau refuse de fonctionner. D'ailleurs, ton corps qui était jusqu'à présent en mode automatique a lui aussi démissionné.

Pourquoi continuer comme ça ? Qu'est-ce qui est obsolète et mérite d'être simplifié ?

Les PLUS

FIN D'UNE ÈRE, accepter que faire la même chose n'est plus au programme
EXPÉRIENCE, un contrat saisonnier épuisant mais enrichissant
S'AVOUER VAINCU·E, apprendre à lâcher l'affaire au bon moment
OBJECTIVITÉ, admettre que les Crocs, ça ne se porte pas en société
DYSFONCTIONNEMENT RECONNU, prendre conscience qu'une aide aux devoirs nous épargnerait des migraines

Les MOINS

BURN OUT, le JPP de ton sèche-linge et son obsolescence programmée
FATIGUE, le lundi matin après un week-end trop arrosé
ÉCHEC, ta énième tentative de passage du code
BAD TRIP, ta rencontre avec ta belle-famille dysfonctionnelle
TERRASSÉ, Zemmour quand tu changes ton prénom de Julien à Karim

Conseils

* Reconnais l'état de la situation
* Laisse tomber, c'est plus ton combat
* En finir (*team* premier degré en sueur)
* *It's time to* passer à autre chose
* Mets ton ego de côté

Punchline

« L'impuissance a un début et surtout une fin, mais tout reprendre depuis le début serait judicieux pour, cette fois-ci, en choisir la fin. »

Valet d'Épées

Étudiant·e
Logique
En alerte

Quelque chose titille ton attention. Muni·e d'une lampe frontale, c'est plein·e d'ambition que tu plonges faire de la vérítéologie. L'objectif est d'en apprendre plus pour développer ta propre façon de penser. Les prémices d'un concept inexploré ou peut-être une (r)évolution à penser.

Profils

UN ÉTUDIANT en mathématiques qui trouve une nouvelle formule, la regarde sous toutes ses coutures avant de la montrer au prof
UNE PERSONNE AU STADE DE LA PRISE D'INFORMATIONS décèle les prémices de *red flags* tarologiques
HUGO refait le puzzle de l'actualité et en apprend tous les jours

Conseils

* Enquête, examine
* Sois vigilant·e
* Approfondis tes connaissances
* Pose les bonnes questions
* Innove

Punchline

« La vérité dépend avant tout du point de vue (où on se place). »

Les PLUS

FORMATION, la vie est la·e plus sage des professeur·e·s
INNOVATION, un créateur de mode dans son atelier pour la Fashion Week
OUVERTURE D'ESPRIT, partir en vacances chez l'habitant pour découvrir sa culture
CURIOSITÉ, demander le signe astro de ton crush pour calculer votre compatibilité
ENQUÊTE, taper dans Google « Pourquoi les moustiques sont attirés par la lumière ? » (découvrir que c'est faux)

Les MOINS

DOUTE, va te demander le code de ton téléphone pour vérifier ton nombre de pas quotidien
SUR ANALYSE, « il·elle a écrit "OK.", le point signifie bien qu'il·elle est fâché·e »
THÉORIE DU COMPLOT, la merguez, objet politique des barbecues
FOUINER, le deuxième compte anonyme sur les réseaux pour aller stalker
ULTRAVIGILANCE, une mère à la plage qui surveille la baignade

Cavalier d'Épées

Communiquant·e
Vivacité
Tête brûlée

Il y a des arguments qu'on ne peut s'empêcher de porter. Tu sais de quoi tu parles « ou presque ». Au pire, ta tchatche fera le boulot à ta place. Le bagou seul peut laisser un arrière-goût. Le transformer en argument irréfutable sera ta prochaine mission.

Les PLUS

QUALITÉ ORATOIRE, aussi convaincant·e qu'Anthony Robbins
PUNCHLINE, une maîtrise du verbe qui touche en plein cœur
ÉNERGIE, un *cast member* Disney qui te parle de marketing expérientiel sur le parc
FRANCHISE, dit les choses sans détour
SUBVERSION, qui a compris qu'exprimer sa singularité primait sur le fait de ne pas rentrer dans le moule

Les MOINS

PROVOCATION, le fauteur de troubles qui s'appellerait Jean-Pascal
BRUT·E DE POMME, un manque de tact parfois gênant
IMPULSIVITÉ, un père qui, à table, te jette un camembert dessus après une provocation
FORCEUR·EUSE, l'agressivité qui ressurgit quand tu ne réponds pas positivement à un « hey, mademoiselle »
PARLE BEAUCOUP MAIS N'ASSUME PAS, des sextos un peu trop ambitieux

Profils

LÉA, 7 ans, dans le rayon Barbie, alignant tous les arguments de la pub pour faire plier son père qui rechigne à lui en acheter
WADE WILSON qui ne vit que pour terminer ses ennemis ; une vanne = un coup de katana
UNE SYNDIQUÉE qui monte au créneau pour défendre les droits des salarié·e·s

Conseils

* Pose des arguments sur la table (*team* esprit mal placé, on vous voit...)
* Fonce, tu vas tout défoncer
* Va à la confrontation
* Termine-les

Punchline

« Sans punchline, tu crois impressionner qui ? »

Reine d'Épées

Assertivité
Analytique
Objectivité

Ton détecteur d'anomalies est affûté et hypersensible au moindre faux pas. C'est sans pitié que tu deviens. Le sourcil relevé du on-ne-te-la-fait-pas-à-toi. L'expérience aura appris à démêler le vrai du faux. Un gain de temps considérable dans les prises de décision, puisqu'il s'agit de ne les baser que sur l'intellect et non sur l'affect. Précision, c'est ton deuxième prénom.

Profils

AYA, *bad bitch* qui économise sa salive et dont la rationalité a absorbé son cœur
LE REGARD D'UNE MÈRE quand t'as fait une bêtise
DENIS, professeur qui voit bien que t'as triché et te lâche un –10 parce que « la sentence est irrévocable »

Conseils

* L'heure est à la transparence
* Prends le temps d'analyser la situation
* Réfléchis mieux et sans sentiments
* Fini, les foutaises !
* Prends les décisions qui s'imposent

Punchline

« "Exactitude" rime avec "certitude", mais le lien reste à démontrer. »

Les PLUS

PERSPICACITÉ, dès le premier tour, sait qui sont les loups-garous
CLARTÉ, parle français, tout simplement
INDÉPENDANCE D'ESPRIT, penser par soi-même et mettre les influenceur·euse·s au chômage
PRÉCISION, une posologie exacte de pharmacien·ne
INTELLIGENCE, comprend vite qui tire les ficelles dans un couple

Les MOINS

FRONTAL·E, va parler sans détour, « c'est à prendre ou à laisser »
JUGEMENT, juge fort ceux qui parlent chinois
SANS SENTIMENTS, fait perdre son latin aux plus grands *lovers*
SANS PITIÉ, te termine quand t'as chié dans la colle
CONFIANCE DIFFICILE, des périodes d'essai reconductibles

Roi d'Épées

Impartialité
Intelligence
Autorité morale

Quand on arrive à un certain niveau de maîtrise, forcément, on ne peut qu'être exigeant·e – c'est le mot poli qu'on utilise pour dire d'un·e client·e qu'il est chiant·e ! Pourtant, c'est parce qu'il·elle sait ce qu'il·elle veut et de quoi il·elle parle qu'il·elle est si précis·e dans ses demandes. Il·elle aimerait que la télépathie soit pratiquée par tout le monde pour continuer son ascension intellectuelle en paix.

Les PLUS

EXIGENCE, vérifie la conformité du véhicule de location avant de partir de l'agence
INTÈGRE, aucune corruption de donuts ne saurait l'acheter
INTELLIGENCE, commande en dernier au McDo pour ne pas à avoir à attendre les autres
LOGIQUE IMPLACABLE, la répartition exacte des petits fours à l'apéro
RÉSOLVEUR·EUSE, dit à l'installateur de la fibre quoi faire (et ça marche)

Les MOINS

SÉVÉRITÉ, te laisse en remis vingt-quatre heures si tu lui as pas répondu dans les dix minutes
FROIDEUR, n'éprouve aucune émotion face à la tragédie du chien qui a mangé ton devoir
AUTORITÉ ABUSIVE, le policier qui se prend pour un cow-boy
INFLEXIBLE, laisse les retardataires dans la salle d'attente
OBTU·ES, pense qu'un homme a un zizi et une femme une zézette. Point.

Profils

GHISLAIN, 36 ans sur sa carte d'identité, âge ressenti, 56 ; expert-comptable de profession, ne laisse rien passer
UNE EXPERTE auprès de qui on prend conseil mais pas pour se faire chouchouter
L'ARBITRE quand il déclare un hors-jeu, t'oses pas broncher au risque de prendre une pénalité

Conseils

* Grandis et agis en conséquence
* Affirme tes forces/limites
* Ne laisse pas passer, fais-toi respecter
* Mature et cadre ton idée
* Passe sur un autre *level*

Punchline

« Si la pensée est créatrice, t'as plutôt intérêt à la maîtriser. »

Happy Squirrel

Bonus
Surprise
Warning

La carte du Happy Squirrel a fait son apparition dans un épisode des *Simpsons* (saison 6, épisode 19, 1995). Sous la tente d'une voyante, Lisa prend peur lorsque cette dernière lui tire la carte de la Mort. Elle la rassure en lui disant que c'est positif, en lui sortant tout le bla-bla usuel : « La Mort, c'est le changement et la transformation… » Puis la voyante tire une seconde carte : le Happy Squirrel. Lisa fond devant l'adorable rongeur, mais la voyante la met en garde en disant : « *The cards can be vague and mysterious.* » Elle a le numéro XXIII, bien que le XXII n'existe pas vraiment…

Conseils

* Tire une autre carte et, cette fois-ci, écoute-la bien, c'est important
* Le temps du troll a sonné
* Amuse-toi
* Fais un tour de magie
* Réponds trois fois à la question « Pourquoi tu veux que les cartes te répondent ? » (ta troisième réponse devrait se substituer à celle des cartes)

Axes d'interprétation

C'EST UNE CARTE BONUS, on y appose donc la signification souhaitée
INVITE À SE QUESTIONNER SUR :
Es-tu sûr·e que tout va si bien ? Il y a peut-être baleine sous gravillon…
Es-tu sûr·e que tout va si mal ? Il y a peut-être bouquet de fleurs sous dramafouine…
INTERROGE SUR LE « POURQUOI CET AIR SI SÉRIEUX ? », un peu de légèreté serait la bienvenue !
ATTIRE TON ATTENTION sur cet emplacement spécifique, le sujet mérite d'être approfondi : une information est encore à révéler.

Punchline

« Une bouffonnerie cache souvent une sagesse sous-estimée. »

Le hack du Happy Squirrel

1. Le trouver dans le paquet.
2. Prendre la carte avant ou/et après pour obtenir une information/un conseil.
3. Péter un coup et ça devrait bien se passer.

Partie III

STARTER PACK

Protocole de lecture

Une lecture peut se faire au feeling ou être plus structurée afin de sécuriser le périmètre. C'est comme les règles au Uno. Tant qu'un + 2 (= situation critique) ne se présente pas, tout se passe bien dans le meilleur des mondes. Mais une fois sur la table… NOUS SOMMES EN GUERRE !

1. S'ambiancer : Méditation, autel, *moonwalk*, c'est toi qui choisis. En général, on préférera se poser dans un endroit tranquille. Le but est de se mettre dans les meilleures conditions de concentration pour ton tirage. Téléphone en *mute*, tapis de tirage (une écharpe fera l'affaire), bougie, tout ce qui te parle.

2. Poser sa question : Penser à sa situation et se concentrer pour poser une question pertinente. On pense également à l'écrire pour la garder en tête pendant le tirage et, si on est face à quelqu'un, on s'assure que la personne est prête à recevoir la réponse (positive ou négative).

3. Choisir sa stratégie de tirage et ses règles :

Pour mélanger les cartes, voici ce que tu peux faire :
* les brasser, tout simplement ;
* les mélanger comme un croupier de casino (le mélange américain) ;
* couper ton jeu en deux ou en plusieurs paquets. Si tu lis en inversé, coupe le paquet en deux et retourne la moitié du jeu, puis rassemble les deux parties en les mélangeant.

4. Piocher : Étaler les cartes tout droit ou pas, ou en arc-de-cercle (le *rainbow*). Tu peux tout à fait piocher tes cartes dans le paquet compact. Est-ce que tu tires à l'endroit ou à l'envers ?

Choisis ta *team* :
* cartes ouvertes // face visible : tu retournes les cartes au fur et à mesure que tu les poses sur la table. Cette méthode enlève du stress au stress, on sait direct à quoi s'en tenir et ça permet de refaire le puzzle progressivement ;
* cartes fermées // face cachée : tu ne retournes les cartes qu'une fois toutes tirées. Pour certain·e·s, ça ajoute du suspense, pour d'autres, de la neutralité, afin de ne pas être influencé·e·s pour les prochaines cartes à tirer.

5. Interpréter à l'aide de ton intuition et de tes connaissances : fais-toi confiance, ça va bien se passer. Est-ce que tu interprètes la carte kamikaze ?

Tips lecteur·rice

♥

- Interprète une carte après l'autre
- Décris la carte : ambiance, personnage, posture, décoration, détail, symbole, action
- Raconte une histoire
- Propose une interprétation en prenant en compte le contexte de l'emplacement de la carte
- Passe à la carte suivante, répète l'opération, et ainsi de suite
- Trouve les éventuels liens entre les cartes, fais-les se répondre, trouve la cohérence globale
- Synthétise et réponds à la question initiale
- Prends des notes dans ton journal

Tableau récap : mots clés

Majeurs				
0 Fou Impulsion Départ Audace	**I Magicien** Volonté Dégourdi Multi-potentiel	**II Grande Prêtresse** Secret Connaissance L'inconscient	**III Impératrice** Créativité *Extravaganza* Féminin	**IV Empereur** Autorité Limites Discipline
V Hierophante Tradition Sacré Transmission	**VI Amoureux** Connexion Voir et choisir avec le cœur Harmonie	**VII Chariot** Volonté Détermination La *win*	**VIII Force** Courage Self control Réconciliation	**IX Hermite** Solitude Sagesse *Self-made wo·man*
X Roue de Fortune Agilité Bonne fortune *Timing*	**XI Justice** Honnêteté Responsabilité Éthique personnelle	**XII Pendu** Pause Lâcher prise Vulnérabilité	**XIII Mort** Transformation *The end* Libération	**XIV Tempérance** Dosage Compromis Apaisement
XV Diable Attachement Plaisir Piège	**XVI Tour** Choc Changement inopiné Dé-construction	**XVII Étoile** Simplicité Authenticité Tranquillité	**XVIII Lune** L'inconscient Peurs Illusion	**XIX Soleil** Succès *Good vibes* Partage
XX Jugement Appel (R)Éveil Vocation	**XXI Monde** Accomplissement Complétude Le tout	**Happy Squirrel** Bonus Surprise *Warning*		

	BÂTONS	COUPES	ÉPÉES	DENIERS
As	Motivation Désir Créativité	Amour Pureté Don	Clarté Logique Innovation	Chance Concrétisation Pratico-pratique
2	Étude de faisabilité Réflexion Calcul	Rencontre Respect Compréhension	Refus Déni Recentrage	Dextérité Flexibilité Improvisation
3	Essor Exploration Action	Amitié Bringue Cohésion	Vérité Expression Douleur	Esprit d'équipe Collab Talents mutualisés
4	Stabilité Engagement Célébration	Calme Aveuglement *Boring*	Chill Immobilisme Passéiste	Stagnant Possessif Le rat
5	Le sbeul La compète Le conflit	Deuil Tristesse Regrets	Désaccord Fight Prise de position	Manque Privation Minimum
6	*Winner* Leader Reconnaissance	Innocence Gentillesse Nostalgie	Éloignement Prise de recul Tchao	Équité Donner/recevoir Générosité
7	La niaque Déter Défi	Imagination Choix (trop) Illusion	Troll Filouterie Hypocrite	*Work in progress* Patience Évaluation
8	*Speed* Action Fluide	Tourner le dos Introspection Ailleurs	Autocensure Limitation Immobilisme	Répétition Efficacité Focus
9	Challenge Dernière étape Sur la défensive	Objectifs atteints Heureux·se Contentement	Analyse poussée Angoisses Obsession	Indépendance Pognon Réussite
10	BDR (bout du rouleau) Jusqu'au-boutiste Trop (tout court)	Bonheur Partage Solidarité	Craquage Surchauffe Fin	Patrimoine Tradition Prospérité

	BÂTONS	COUPES	ÉPÉES	DENIERS
Valet	Enthousiasme Curiosité Prometteur·euse	Amour innocent Intuition Sensibilité	Étudiant·e Logique En alerte	Opportunité Mise en pratique Apprentissage
Cavalier	Intense *Hot* Tête brûlée	Amour amoureux Utopie Poésie	Communiquant·e Vivacité Tête brûlée	Régularité Fiabilité Lenteur
Reine	Charme Magnétisme Détermination	Amour maternel Compassion Sixième sens	Assertivité Analytique Objectivité	Bon sens Confort Organisation
Roi	Visionnaire Pouvoir Maturité	Amour fraternel Altruisme Imperturbable	Impartialité Intelligence Autorité morale	Expérience Investissement Réussite sociale et financière

Tarot spread
14 tirages tout prêts

Quand on débute, les gros tirages nous font peur, et on préfère se diriger vers ceux qui sont plus courts. Tandis que, lorsque notre pratique évolue, on peut avoir envie de se diriger vers des tirages plus touffus. Tout comme on peut aussi avoir la flemme ou estimer que des tirages courts suffisent !
Ici, tu trouveras des tirages à deux niveaux permettant de répondre à tes problématiques avec plus ou moins de détails.

correspond à la version courte pour les pressé·e·s ou les débutant·e·s.

correspond à la version longue pour les avancé·e·s ou les ambitieux·ses.

Tarot tips

♥

Les cartes « oracle » peuvent être utilisées bien qu'on les recommande plus sur les emplacements conseils. Dans leur livret d'interprétation, on y trouve souvent des conseils tout prêts.

BASIC SPREAD

Tirage basique/simple pour faire le point sur une situation ou obtenir un conseil général.

J'AI UN FLASH

Tirage pour avoir un conseil rapide.

1
MOOD
Ambiance, état d'esprit

2
DÉFI
Être attentif·ive à...

ou

2
À ARRÊTER
Ce qui n'a plus d'intérêt à être poursuivi

3
PERSPECTIVES
Conseil

1
À CONTINUER
Ce que je fais de bien et qui mérite d'être poursuivi

3
À COMMENCER
Ce que je ne fais pas encore mais qui mérite d'être débuté

MY PRIORITY RIGHT NOW

Tirage pour remettre l'église au milieu du village quand on ne sait pas par où commencer.

1
MA PRIORITÉ PRINCIPALE DEVRAIT ÊTRE...

2
LE PETIT CAILLOU DANS LE ROUAGE
(blocage – ce qui m'empêche de me concentrer dessus)

3
CE QUE JE PEUX CHANGER

4
CE QUE JE NE PEUX PAS CHANGER ET QUE JE DOIS ACCEPTER

5
ÉVOLUTION
Ce vers quoi je vais

NO DOUBT SPREAD

Tirage pour dissiper un doute.

1
CE QUE ÇA PEUT M'APPORTER D'Y ALLER, D'ACCEPTER, D'ACHETER, ETC.

2
CONSEIL
J'y vais, j'y vais pas

3
CE QUE ÇA PEUT M'APPORTER D' Y ALLER, D'ACCEPTER, D'ACHETER, ETC.

4
DE QUOI J'AI BESOIN *RIGHT NOW*

WTF SPREAD

Tirage pour se sortir d'une situation cocasse.

1
C'EST QUOI, QUI DÉCONNE ?

2
LA RACINE DU PROBLÈME

3
LES SOLUTIONS ENVISAGEABLES
(possibilité de tirer plusieurs cartes)

4
COMMENT SE PROTÉGER
Attitude à adopter durant cette période

5
ISSUE

QU'EST-CE QU'IL FOUT, CUPIDON ?

Tirage pour un célibat qui a assez duré. Fonctionne aussi pour trouver un boulot (relation = poste ; rencontre = opportunité).

3
MON ÉTAT D'ESPRIT
Où j'en suis

1
LA TARGET
Le genre de relation qu'il me faudrait

6
CONSEIL
Comment favoriser la rencontre ?

5
LE DÉFI
Le blocage, le challenge que je peux éventuellement rencontrer

2
L'ÉVOLUTION
Je la reçois, la flèche, ou pas (déclinable en trois emplacements sur court, moyen et long terme) ?

4
MON BACKGROUND
D'où je viens, quelles casseroles je me traîne peut-être encore

TINDER PROFILER

Tirage pour décrypter un profil quand on vient de rencontrer quelqu'un. Fonctionne tant en amour qu'en amitié ou dans le pro.

1
MON PROFIL
Qui je suis

2
SON PROFIL
Qui il·elle est

3
NOTRE BUT COMMUN
Ce qu'on a en tête comme projet pour notre relation

4
FUTUR DE LA RELATION
Ce vers quoi on se dirige

5
CE QUI PEUT MARCHER ENTRE NOUS

6
CE QUI NE PEUT PAS MARCHER ENTRE NOUS

7
LE *RED FLAG*
Ce à quoi faire attention

8
CONSEIL

YOU AND ME, ÇA DIT QUOI ?

Tirage relationnel pour voir si les personnes dans une relation sont alignées.

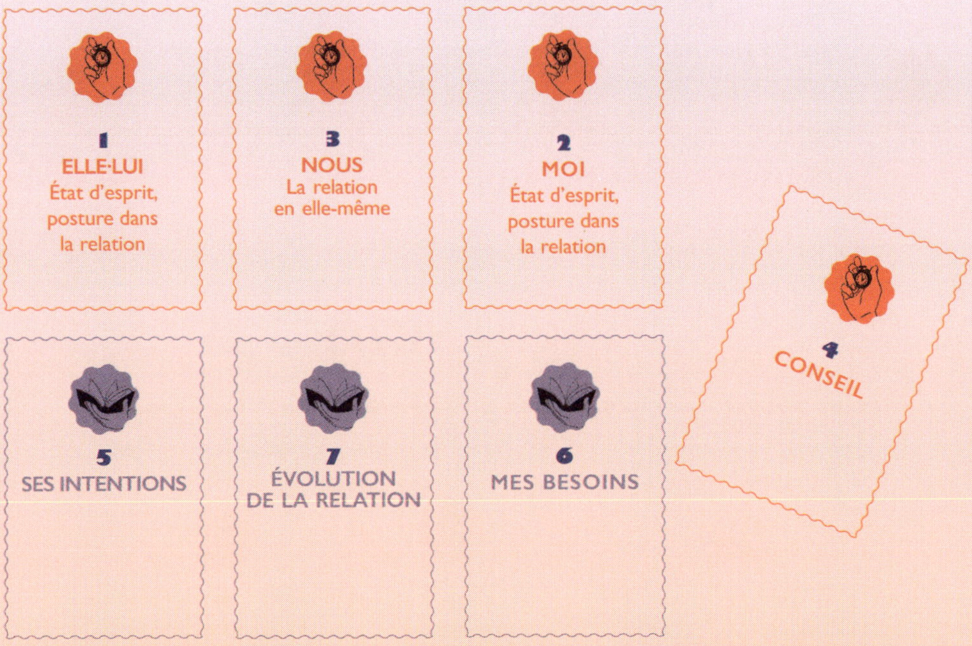

Non, il n'y aura pas de tirage « est-ce que mon ex va revenir ? », mais si cette question te turlupine vraiment, je t'invite à la centrer sur toi en créant tes propres emplacements du type :

✸ Pourquoi est-ce que je veux qu'il revienne ?
✸ Qu'a-t-il·elle à m'offrir ?
✸ Ce à quoi m'attendre (de sa part)
✸ De quoi j'ai besoin ?
✸ Conseil pour faciliter la réconciliation (ou passer à autre chose 🙊)

CHAMALLOW HEART

Tirage pour aider un petit cœur blessé

1
POURQUOI ÇA ME REND TRISTE

2
CE SUR QUOI JE N'AI AUCUNE INFLUENCE
Ce n'est pas ma faute, donc aucune raison de m'en vouloir sur ce point

3
MA PART DE RESPONSABILITÉ DANS L'HISTOIRE
Ce que je dois admettre

4
LE PANSEMENT PROVISOIRE
Intention ou action à poser

5
LA CICATRISATION
Quelle forme prendra la guérison

TAROT SWOT

Tirage pour lancer un projet à l'aide du SWOT* tarologique.

	En faveur du projet	En défaveur du projet
Interne	**3** AVANTAGES DU PROJET Ce qui le rend attractif, point positif sur lequel capitaliser	**4** INCONVÉNIENTS DU PROJET Ce qui le rend moins attractif, point à prendre en compte et à optimiser
Externe	**5** OPPORTUNITÉS DU MARCHÉ Ce qui peut être favorable au projet dans son environnement	**6** MENACES DU MARCHÉ Ce qui peut entraver ou freiner le projet dans son environnement

1
MON ÉNERGIE
État d'esprit, *mood*, niveau d'investissement

2
ÉNERGIE DU PROJET
Ambiance générale, état d'avancement, sa lancée

7
CONSEIL
Pour assurer sa réussite ou réajuster le projet

8
RÉSULTAT
Ce à quoi s'attendre

* La matrice SWOT est un outil d'analyse stratégique permettant d'évaluer le potentiel d'une entreprise d'un point de vue interne (forces/faiblesses selon son organisation) et externe (menaces/opportunités selon son environnement).

PÔLE EMPLOI SPREAD

✷

Tirage pour trouver de l'inspiration pour sa carrière professionnelle et mettre en lumière ses leviers d'action.

1
MON PROFIL
Qui je suis,
ce que j'ai à offrir

2
MES BESOINS
Ce qui doit être
rempli pour que je
me sente épanoui·e

3
CODE ROME
**Le boulot
à viser :** à quoi
ça ressemble

4
MES ATOUTS
POUR
L'OBTENIR
À mettre
en avant

5
MES AXES DE
PROGRESSION
À travailler

6
ACTION
À POSER
(pour obtenir
le poste)

7
RÉSULTAT
(déclinable en trois
emplacements sur
court, moyen et
long terme)

JOB INTERVIEW

Tirage pour préparer un entretien d'embauche et mettre toutes les chances de son côté.

1
LE POSTE EN LUI-MÊME

2
POURQUOI JE PEUX M'Y ÉPANOUIR

3
MON POINT DE VIGILANCE DEVRA SE PORTER SUR…

4
ATTITUDE À ADOPTER FACE AU RECRUTEUR

5
À QUEL RÉSULTAT M'ATTENDRE

6
MON PLUS GRAND DÉFAUT
(mettre les formes pour le présenter)

7
MA PLUS GRANDE QUALITÉ
(à vendre au max)

8
MON JE-NE-SAIS-QUOI. QUE RÉPONDRE À
« Pourquoi moi plutôt qu'un·e autre ? »

SHADOW WORK

Tirage pour faire face à ses atouts comme à ses faiblesses et en tirer le meilleur parti.

1
MA PART D'OMBRE
Facette cachée de ma personnalité que je n'assume pas

2
MA PART DE LUMIÈRE
Ce que je montre de positif de ma personnalité ou qui se voit

3
COMMENT ÊTRE ALIGNÉ·E/ CONCILIER LES DEUX
Pour assumer toutes les parts de ma personnalité

A STAR IS BORN

Tirage pour oser être soi, tout simplement.

1
QUI JE SUIS

4
LE RÔLE
À PRENDRE

3
MA CRAINTE

2
LES ATTENTES
À MON ÉGARD

5
COMMENT
ASSUMER

Construis ton tirage comme des Lego

Voici quelques idées d'emplacement pour composer ton propre tirage après :

Photographie du contexte

- Énergie, ambiance, *mood* du moment
- État d'esprit, attitude, humeur
- État des lieux par domaine : pro, *love*, perso, etc.
- Besoins
- Intentions, ce qu'on a pour projet de…
- Aspirations, souhaits, idéal, attentes
- Motivations, le pourquoi derrière ce désir
- Relation, ce que ça donne
- Atout, force sur laquelle s'appuyer
- Soutien, aide extérieure sur laquelle s'appuyer
- Ce qui peut jouer en ma faveur/défaveur
- Comment je me vois // Comment on me voit
- Ce que je crois // Ce qu'il en est vraiment

Recherche de la problématique

- Blocage
- Problème
- Ce qui cloche
- Origine du problème, ce qui l'a déclenché
- Ce qui est caché, à quoi faire attention
- Manque, impact sur la situation
- Ce qui manque pour réussir
- Défi, challenge à surmonter
- Enjeux, ce que l'on risque de gagner ou de perdre
- Ce qui me permet d'obtenir le résultat souhaité

Hypothèse du résultat

- Compatibilité
- Apport
- Futur, issue, évolution
- Court, moyen, long terme
- Ce à quoi s'attendre
- Ce qui est possible (ou pas)
- Récompense
- Sanction

Mise en action

- Ce qui comblera le manque
- Ce qui renversera la situation
- Posture à adopter
- Conseil
- Action
- À faire, à ne pas faire
- À prioriser
- À laisser
- À garder
- À commencer
- À éviter
- À donner/recevoir
- À transformer

Remerciements

♥

Merci à ma famille pour son écoute et son soutien indéfectible. Le vrai As de Coupes qui crée le 10 !

Merci à Youlie pour son talent et son humour. Merci à Marina, Lama et Céline pour leur accompagnement et leur flexibilité. Merci à Mathilde Fachan et Éloïse Méhard du café Contresort pour leur confiance et leur gentillesse. Vous m'avez réconciliée avec le 3 de Deniers.

Merci à Emmanuelle Iger, Charlotte De Silguy, Stephanie Viu-Kessler et Sylvie Lefranc pour la qualité de leurs enseignements. Des Hiérophantes qui cultivent l'humilité et l'autonomie de leur élève.

Merci aux participant·e·s des ateliers de pratique dont sont nés les tirages SWOT et A Star is Born.

Merci aux fidèles sur les réseaux. Une belle brochette qui œuvre au 10 de Deniers et sans prétention !

Merci à mes ami·e·s qui m'acceptent comme je suis. Des 3 de Coupes qui savent désamorcer mon Dramamood.

Merci à celles·ceux qui auront lu ce livre et qui auront su y trouver la double lecture. Pensez à laisser des avis aussi fleuris que les punchlines d'un Cavalier d'Épées en folie ! ;-)

Et enfin je m'adresse le dernier merci. Merci d'avoir tenu quand le 8 d'Épées aurait pu t'embarquer dans les tréfonds de XVIII La Lune. Pour atteindre XXI Le Monde, il a fallu beaucoup de 3 d'Épées et de 5 de Coupes. Heureusement qu'après XVI La Tour, XVII L'Étoile a toujours veillé et que XX Le Jugement a su souffler sur mes doutes des réponses inespérées dont le partage me réjouit.

Bibliographie

Sarah Bartlett, *La Bible du tarot*, Guy Trédaniel, 2006

Alejandro Jodorowsky et Marianne Costa, *La Voie du tarot*, J'ai Lu, 2010

Sébastien Michel, *Le tarot par la pratique*, 2015

Denise Roussel, *Le Tarot psychologique : miroir de soi*, De Mortagne, 2017

Isabelle Nadolny, *Histoire du tarot : origines, iconographie, symbolisme*, Trajectoire, 2018

Emmanuelle Iger, *Lire le Tarot avec le Rider-Waite*, Trajectoire, 2017

Laëtitia Barbier, *Tarot et cartes de divination, histoires illustrées*, Cernunnos, 2021

Direction : Didier Férat
Direction éditoriale : Lama Younès-Corm
Édition : Marina Ribeiro
Correction : Céline Derouet
Conception de la couverture et de la maquette intérieure : Youlie
Mise en pages : Nord Compo
Fabrication : Laurence Duboscq
Photo d'Audrey Sebti en page 4 : Luana Rocchesani

ISBN : 978-2-263-18375-1
Code éditeur : L18375
Dépôt légal : septembre 2023

Imprimé en France par Clerc
94, rue de la Brasserie
18200 Saint-Amand-Montrond